Chantal Labeste

Changer sa vie en 21 jours

La MÉTHODE pour booster votre confiance et devenir la meilleure version de vous-même !

Droits d'auteur

Le présent livre "Changer sa vie en 21 jours" a été écrit par Chantal Labeste. Les informations et les exercices fournis dans ce livre visent à donner des recommandations générales pour optimiser votre vie. Chaque individu a ses propres besoins et ses problématiques spécifiques. Ce livre ne prend en compte aucun objectif, situation ou obligation personnelle.

Toutes les informations contenues dans ce support (textes, visuels, schémas, logos, exercices, trainings) sont créées par Chantal Labeste, chantallabeste.com, sont protégées par le droit d'auteur et strictement réservées à l'usage privé du client.

Toute reproduction, traduction, représentation, adaptation, transformation ou diffusion, au profit de tiers, à titre gratuit ou onéreux, intégrale ou partielle, par quelque moyen que ce soit, tant électronique que mécanique, notamment par photocopie ou microfilm, de la présente publication, est strictement interdite et constitue une contrefaçon par la loi.
Les droits à la propriété intellectuelle sur les supports contenus dans l'ouvrage appartiennent ou sont exploités sous la licence de Chantal labeste.
Aucun droit à la propriété intellectuelle ou autres droits concernés dans les informations et supports utilisés dans l'ouvrage n'est transféré à quiconque acquiert ou fait usage de l'ouvrage.

Chantal Labeste ne saurait être tenue responsable d'éventuels problèmes survenus en cas de mauvais usage de cet ouvrage. Chantal Labeste n'assume aucune responsabilité pour tout dommage lié à l'information ou le contenu de l'ouvrage. Si vous utilisez ou si vous vous appuyez sur des informations de l'ouvrage, il vous revient la responsabilité de vous assurer, par une vérification indépendante, de son actualité, de son exhaustivité, de sa fiabilité et de sa pertinence pour vos affaires personnelles et individuelles.

SOMMAIRE

Semaine 1 : Compréhension

Se conditionner pour réussir

Jour 01   Savoir ce qui vous rend heureux   **14**
Jour 02   Les clés d'un changement réussi   **24**
Jour 03   La puissance de votre mental   **32**
Jour 04   Le pouvoir de la pensée positive   **42**
Jour 05   Se délivrer de ses chaines   **51**
Jour 06   Se libérer de ses peurs   **59**
Jour 07   Vous êtes sur la bonne voie   **66**

Semaine 2 : Évolution

Rebooster sa confiance en soi

Jour 08   Évaluer votre capital confiance   **75**
Jour 09   Reprendre confiance en vous   **84**
Jour 10   Redorer votre estime de vous   **92**
Jour 11   Sublimer votre image   **99**
Jour 12   Apprendre à vous affirmer   **107**
Jour 13   Cultiver l'amour et la bienveillance   **116**
Jour 14   Vous êtes capable de tout réussir   **125**

Semaine 3 : Action

Se construire une vie sur mesure

Jour 15   Reprogrammer votre boussole   **134**
Jour 16   Équilibrer votre vie pro et perso   **143**
Jour 17   Passer du rêve à la réalité   **150**
Jour 18   Emprunter le chemin du bien-être   **159**
Jour 19   Tracer votre plan de vol   **166**
Jour 20   Visualiser votre réussite   **175**
Jour 21   Cap sur une nouvelle aventure   **182**

Pourquoi ce livre va vous aider

En quoi mon expérience peut avoir un impact sur votre vie ?
En tant que coach de dirigeants et de sportifs de haut niveau pendant plus de 15 ans, ma mission quotidienne a été d'aider, de motiver et de faire naître dans les yeux de mes coachés, la lueur et l'espoir que **tout était possible** ! Quand vous vous préparez à participer aux jeux olympiques par exemple, seule votre confiance en vous et votre préparation mentale seront les clés de votre réussite.

Mon travail est passionnant et extrêmement exigeant. Vous ne pouvez pas imaginer à quel point, surtout quand vous vous retrouvez en tant que femme, devant les patrons du CAC 40, mais c'est l'une de mes plus belles expériences.

Quel plaisir, quelle joie de me lever le matin et de me dire que je vais aider à **transformer et améliorer la vie des gens** !

Je vais les aimer avec leurs peurs, leurs doutes puis les accompagner dans le chemin de la confiance en soi. Je vais leur transmettre les outils pour reprogrammer leurs pensées sur la bonne fréquence, celle de l'épanouissement, de l'équilibre et du succès. Telle est ma raison d'être.

On ne peut pas réussir avec une promesse comme le font certains. Il faut se former, grandir, se dépasser pour **donner le meilleur de soi-même**, à chaque instant.

Changer votre vie ne sera pas simple et vous ne pourrez pas utiliser une baguette magique ! Votre route sera pavée de doutes, d'excitation et de joie. Je ne vous cache pas, que vous allez devoir faire preuve de courage, de combativité, parfois vis à vis de vous-même, pour atteindre votre destination. C'est un long chemin, tant initiatique que stratégique, mais **votre victoire n'en sera que plus savoureuse**.

Ma grand-mère Jackie me disait : "rien n'est grave à part la mort". Alors puisque nous sommes en vie, il est temps de la **célébrer** !

Mon but en écrivant ce livre est de vous accompagner dans les étapes charnières de votre nouvelle vie.

Avec toute ma reconnaissance, ma bienveillance et mon affection.

Chantal

À propos de l'auteur

Je suis Chantal Labeste, coach de carrière, spécialiste en préparation mentale et en stratégie de réussite.

Dès mon plus jeune âge, j'ai été fascinée par l'être humain et par sa capacité à se développer. J'ai consacré ma vie à accompagner des milliers de femmes et d'hommes, comme vous, à s'épanouir, se sublimer et se révéler, à travers mes coachings et mes séminaires.

Diplômée d'HEC Paris, j'ai occupé les postes de chasseuse de têtes, responsable recrutement, DRH et coach de carrière.
Entrepreneuse dans l'âme, j'ai dirigé des cabinets de coaching et j'ai eu le privilège de coacher des dirigeants Français et Européens (Axa, TF1, Disney, Canal +, Lafarge, Nestlé, Pal Medical...).

Je me suis réveillée un matin, avec l'envie de me lancer un nouveau challenge. J'ai donc développé mes premiers programmes vidéos en ligne, pour rendre le coaching accessible au plus grand nombre. Retrouvez mes conseils, mes articles et mes programmes sur www.chantallabeste.com

Je me consacre, depuis plusieurs mois, à l'écriture de ce livre pour vous aider à bâtir la vie qui vous inspire profondément, quel que soit le domaine dans lequel vous évoluez. Dans cet ouvrage, je mets mon expertise de spécialiste en préparation mentale et en stratégie de réussite, à votre service. Je vous livre les conseils, les secrets, les stratégies, qui ont permis à mes clients de réenchanter leur vie au quotidien.

Devenez la meilleure version de vous-même !

Accueillir le changement dans votre vie

Avez-vous parfois l'impression de ne pas aimer votre vie, de ne pas vous sentir pleinement épanoui ? Vous subissez chaque jour, le cercle infernal métro-boulot-dodo, sans voir d'issue possible. Vous ne vous sentez pas à votre place et vous ressentez un mal-être général. Vous vous levez chaque matin avec la boule au ventre et **vous rêvez d'une vie meilleure**. Rassurez-vous, vous n'êtes pas seul. Des millions de personnes sont dans votre situation.

Si vous ressentez aujourd'hui, ce désir profond de tout changer, c'est parce que **vous vivez la vie de quelqu'un d'autre**. Vous avez permis à vos proches, vos parents, vos amis d'influencer votre vie, de déterminer vos choix, de vous orienter vers une destination qui n'est pas la vôtre.

À force de vouloir plaire à tout le monde, certains d'entre nous se retrouvent dans une vie, vide de sens. Nous avançons tels des automates, sans prendre le temps de nous poser les bonnes questions. Nous en arrivons parfois à perdre toute motivation et nous mettons un voile sur notre bonheur. Au fil du temps, nous ne savons même plus ce qui nous manque vraiment et comment combler ce vide énorme qui pèse sur notre moral.

L'erreur est d'attendre une solution extérieure et d'espérer que quelque chose ou quelqu'un nous rende heureux. Car la clé est en vous.

Nous le savons tous, la chose la plus importante, dans ce monde, c'est **l'AMOUR**. C'est pourquoi, je vous propose aujourd'hui de **tomber littéralement amoureux de votre vie** et surtout de **vous-même**. C'est le cadeau le plus précieux que vous puissiez vous faire.

Peut-on véritablement changer sa vie ? ma réponse est un grand **OUI**. Nous avons tous autour de nous, des exemples de personnes qui ont su franchir le pas et prendre un virage à 360°.

Mais quel est leur secret ? Elles ont repris les rênes de leur vie, tout simplement ! Alors si d'autres l'ont fait, pourquoi pas vous ? Ces personnes ne sont pas plus intelligentes, ni même plus douées que vous. Elles ont juste pensé qu'elles avaient la capacité d'accomplir leurs rêves. Elles ont pris **la décision de changer**, se sont conditionnées mentalement pour affronter leurs doutes et croire en elles.

"À présent, respirez profondément et imaginez une vie où vous êtes pleinement libre. Vous vous réveillez chaque matin et vous souriez à l'idée de démarrer une nouvelle aventure. Vous vous êtes créé une vie sur mesure. Vous exercez un métier qui vous fait vibrer. Votre mode de vie est à la hauteur de vos espérances. Vous savez où vous allez et vous avez confiance en votre avenir. Vous ressentez cette liberté de pouvoir faire ce que vous aimez car votre vie s'est littéralement transformée..."

Et si je vous disais que tout cela est à votre portée. Vous avez en vous **le pouvoir** d'embrasser vos rêves, dès aujourd'hui !

D'ailleurs quels sont vos rêves ? Savez-vous encore rêver ?

Quand vous étiez enfant, vos rêves faisaient partie intégrante de votre réalité. Vous aviez la sensation que tout était possible, que **chaque jour était une promesse**. Et un jour, vous vous êtes réveillé "adulte" et le poids des responsabilités, les difficultés de la vie, vous ont apporté leur lot de désillusions. Certains d'entre vous, sont aujourd'hui désenchantés.

J'ai une révélation à vous faire : vous faites fausse route !

Comment pouvez-vous accepter une vie terne, sans rêve, sans espoir ?

Je suis ici pour vous dire que vous pouvez encore vous rapprocher des étoiles. Rien, ni personne, ne doit vous empêcher de croire en vous et en vos rêves. Vous êtes une personne **Fabuleuse**. Vous disposez d'un **Potentiel illimité** et vous méritez de vivre une **Vie extra-ordinaire** !

Êtes-vous prêt à réenchanter votre quotidien ? Êtes-vous prêt à accueillir le changement dans votre vie ?

Mon métier de coach m'a permis d'analyser comment et pourquoi certaines personnes réussissent à changer leur vie alors que d'autres avancent au ralenti.

Pendant ce programme de 21 jours, **je m'engage à vous tenir la main** et à désamorcer vos peurs, vos croyances et vos doutes. Ensemble, nous allons travailler sur votre comportement, sur votre potentiel et sur votre confiance en vous. Mon objectif est de vous transmettre les outils, les astuces et les secrets pour **vous révéler et sublimer votre vie** !

Ce livre est un guide, qui vous permet de focaliser chaque jour sur un point essentiel de votre transformation. Vous y trouverez tous les ingrédients indispensables pour que votre changement rime avec **plaisir et réussite**. Dans chaque séance, vous allez appréhender de nouvelles **connaissances théoriques** mais surtout, vous allez pouvoir grâce aux exercices guidés, **mettre en pratique facilement et à votre rythme**, les thèmes abordés.

> **66** *La connaissance théorique est un trésor dont la pratique en est la clé. ~ Thomas Fuller.*

Nous allons précisément suivre ce conseil avisé. Ce programme de 21 jours va transformer radicalement de nombreux aspects de votre vie. Vous trouverez dans ces 21 séances, des techniques, des témoignages et des conseils conçus pour vous apprendre à changer et améliorer ce que vous désirez.

Vous serez au démarrage de ce livre enjoué et captivé par la facilité avec laquelle vous allez opérer votre transformation, mais pour que **votre lune de miel** se poursuive, vous devrez mettre en pratique chaque enseignement au risque qu'il vous glisse entre les doigts. En d'autres termes vous obtiendrez de ce programme seulement l'investissement que vous allez y consacrer.

Si vous suivez les étapes une à une, je peux vous garantir que vous aller vivre **une métamorphose**, mais si vous décidez de suivre seulement quelques séances, alors vous n'obtiendrez que quelques résultats.
Je vous laisse libre d'en décider !

Comment suivre ce programme ?

Les concepts abordés sont illustrés avec des schémas pour une meilleure compréhension. Ils sont conçus pour être suivis pendant 21 jours consécutifs afin qu'ils s'intègrent dans **votre ADN**.

Je vous conseille de suivre l'enchaînement des séances, car le programme a été développé pour **vous faire progresser par paliers.**

Chaque jour recèle un trésor à découvrir. Au fil des séances, vous comprendrez comment changer en profondeur et vous vous rapprocherez de la vie qui vous correspond.

Nous allons donc avancer pas à pas, à travers une méthode qui a fait ses preuves auprès de mes clients et qui est aujourd'hui entre vos mains.

Elle se décompose en 3 étapes. La première est placée sous le signe de la **"Compréhension"**. Lors de cette première semaine, vous allez apprivoiser vos freins, vos peurs et reprogrammer votre cerveau.

Nous poursuivons notre travail pendant la semaine deux, en nous concentrant sur un aspect primordial de votre vie : **la confiance en soi.**

Nous allons prendre soin de vous et vous chouchouter. Cette étape que je nomme **"Évolution"** est la clef de tout changement. Vous découvrirez des solutions concrètes pour redorer votre image, reconstruire votre estime et rebooster votre confiance en vous.

Vous ressentirez rapidement les bienfaits du programme mais pour **vous construire une vie sur mesure**, nous allons devoir bâtir une véritable stratégie de réussite. Nous aborderons alors la phase **"Action"**.

Nous allons poser les bases et les jalons de vos projets. Nous bâtirons **votre plan de vol** pour que vous puissiez **vous envoler seul, vers la destination de vos rêves.**

Après ces 21 jours ?

À l'issue des 3 semaines que nous allons passer ensemble, je vais vous inviter à poursuivre vos efforts. Vous disposerez de toutes les plumes nécessaires pour voler de vos propres ailes.

Si certains le désirent, vous serez libre de revenir sur certains thèmes qui résonnent le plus en vous.

Je sais déjà qu'après ces 21 jours, vous adopterez le comportement adéquat pour faire face à de nombreuses situations.

Mais pour l'heure, accrochez bien votre ceinture, car nous allons décoller !

Se conditionner
pour *réussir*

— ÉTAPE 1 : COMPRÉHENSION —

Cultiver un mental d'acier

J'ai pour habitude de dire, qu'il ne suffit pas de posséder le matériel pour bâtir une maison, **il faut maîtriser l'art de la construction**.

Il est en de même pour votre vie, vous disposez d'une palette d'outils : votre expérience, vos diplômes, vos forces, vos compétences.

Mais pour réussir votre changement, il vous faudra passer du rôle d'élève à celui de maître... pour **devenir le maître de vous-même**.

Qui êtes-vous réellement ? Quels sont vos traits de caractère ? Quelles sont vos croyances ? Quels sont vos doutes ? Comment apprivoisez-vous vos peurs ? Savez-vous gérer vos pensées et contrôler votre mental ? Ces questions sont fondamentales pour votre avenir.

Tous vos choix personnels et professionnels, votre mode de vie, vos habitudes alimentaires, vos goûts vestimentaires, votre manière de penser, sont le résultat de **votre conditionnement mental**. Ils sont programmés par votre cerveau et sont inscrits dans votre disque dur interne.

Votre identité et votre unicité sont le reflet de cette programmation mentale. Si vous désirez modifier votre vie, il vous sera nécessaire de reprogrammer votre esprit.

Voici un proverbe chinois : "Prenez soin de vos pensées, car elles deviennent des mots. Choisissez bien vos mots, car ils deviennent des actions. Observez vos actions, car elles deviennent des habitudes. Examinez vos habitudes, car elles deviennent votre caractère et faites attention à votre caractère, car il devient votre destin."

Ce proverbe nous dévoile que nos pensées et notre comportement ont un impact sur l'ensemble de notre vie.

C'est pourquoi, nous allons nous intéresser cette semaine, **au pouvoir de notre cerveau** et particulièrement à l'influence de notre conditionnement sur la réussite de notre vie.

S'il n'y avait qu'une chose à retenir de ce livre, c'est que vous pouvez **changer votre vie en changeant simplement la fréquence de votre cerveau. Votre réussite ne dépend que de vous... Tout se joue dans votre esprit**.

Ainsi, en apprenant à contrôler vos pensées et en cultivant un mental d'acier, les facteurs extérieurs n'auront plus aucun impact sur vous.

J'imagine que vous trépignez d'impatience à l'idée de **devenir la meilleure version de vous-même**. Alors en route pour l'aventure !

> **NOUS AVONS DÉJÀ** TOUT
> **CE QU'IL FAUT POUR ÊTRE**
> LES PLUS HEUREUX DU MONDE.
> **IL NOUS RESTE** SIMPLEMENT
> **À NOUS EN SOUVENIR**
> EN PERMANENCE.

- HAL ELROD

Savoir ce qui vous rend heureux

Tout au long de notre vie et de notre carrière, les grandes décisions que nous devons prendre nous ramènent généralement à une préoccupation essentielle : **qu'est-ce qui nous rend vraiment heureux ?**
Vous avez probablement des projets que vous vous empêchez de vivre par manque de moyens, par peur ou tout simplement car ils vous semblent irréalisables à présent.

Je dis STOP ! **Arrêtez de vous trouver des excuses**. Il est temps de reprendre le contrôle de votre vie, sinon quelqu'un d'autre s'en chargera à votre place.

Quoique vous désiriez changer, vous devez reprendre le pouvoir et savoir ce que vous désirez vraiment.
C'est un élément central de votre évolution. **Le véritable voyage commence par la découverte de vous-même** et de votre potentiel.
Quand vous savez clairement **qui vous êtes, ce que voulez faire et comment influencer votre cerveau pour y parvenir**, vous pouvez alors avancer avec confiance et en tout sérénité.

À savoir

Vous avez pris la décision de changer de vie de manière délibérée et je vous en félicite. À présent, il va vous falloir une grande dose d'auto-discipline et suivre les 21 jours de ce programme, avec assiduité.

Vous devez être totalement **déterminé** à réaliser le changement que vous souhaitez voir dans votre vie. Cela signifie que vous ne devez abandonner sous aucun prétexte. N'oubliez jamais que dans la vie, vous suivez **votre propre** chemin. Vous êtes **l'architecte de votre vie.**

Pendant que vous lisez ces mots, réjouissez-vous, car vous faites partie de ceux qui croient suffisamment en eux pour savoir qu'**une grande vie, n'est rien d'autre qu'une question de grandes décisions.**

Vous traversez peut-être une phase de questionnement. Vous vous demandez peut-être : "Puis-je vraiment changer ma vie ? Est-ce que j'en suis capable ? Est-ce que je vais prendre les bonnes décisions ?"

Si je vous disais que pour chacune de ces questions, la réponse est OUI. Pour ce faire, vous devez intentionnellement amener votre esprit à accepter le fait que **vous êtes entièrement responsable de vos réussites ou de vos échecs**. Si vous désirez changer de métier, créer une entreprise ou tout simplement changer votre mode de vie, vous pouvez réussir, à condition de vous en donner les moyens. Vous êtes beaucoup plus fort que vous ne l'imaginez ! Vous pouvez **être, avoir et faire** ce que vous désirez vraiment. Vous possédez **un capital d'une valeur inestimable**... et mon objectif est de vous en faire prendre conscience !

Aujourd'hui, je vous invite à prendre le temps nécessaire pour faire le point sur votre vie. Vous savez mieux que quiconque ce qui vous fait vibrer, ce qui vous donne de la joie de vivre.

- Faites un audit complet de la personne que vous êtes mais également de **celle que vous désirez devenir**.
- Il est important de peser vos forces et vos faiblesses en toute sincérité, mais évitez d'être trop dur avec vous-même. **Vos points forts et votre détermination devraient vous aider à surmonter vos faiblesses et vos peurs.**

Vous ne savez pas vraiment par où commencer ? Ne vous inquiétez pas, je suis là pour vous aider. Vous trouverez dans cette séance, de nombreuses questions qui vous permettront de clarifier vos désirs.

Focus sur vos attentes

Ce que vous attendez de la vie est **CAPITAL** pour votre épanouissement et votre bien-être. Je vous propose donc de dresser la liste de vos attentes dans un **"journal de bord"**. Ce dernier vous sera utile tout au long de ce programme pour réaliser les exercices que je vais vous énoncer.

Vous pouvez en un premier temps répondre à cette question :
"Qu'est ce qui est le plus important dans ma vie : l'amour, ma famille, ma liberté, ma sécurité financière ?"

Pour certains d'entre vous, il sera plus facile de définir ce qui vous déplaît actuellement dans votre vie.

Peu importe la méthode que vous choisirez, **soyez le plus précis possible**. Ne dites pas simplement que vous détestez votre travail. Identifiez exactement pourquoi vous ne l'aimez pas.

Est-ce que vous n'appréciez pas votre chef ? Votre charge de travail est-elle trop lourde ? Votre poste est-il dévalorisant ?

 C'est la passion avec laquelle vous vivez votre vie qui détermine l'ampleur de vos réalisations...

Je vous rappelle que vos aspirations sont personnelles donc il est fondamental que vous soyez égoïste dans votre approche. Vous ne pouvez pas identifier exactement ce que vous voulez dans la vie, si vous passez votre temps à vous sacrifier pour les autres.

Surtout, ne culpabilisez pas à l'idée de vous mettre en avant, car si vous ne le faites pas, personne ne le fera à votre place et vous pourriez **passer à côté de votre vie**.

Pour vous aider dans votre réflexion, répondez à ces questions :
- Si vous n'étiez pas lié par votre travail, votre famille ou quoi que ce soit d'autre, que feriez-vous en ce moment même ?
- Que feriez-vous s'il ne vous restez qu'une semaine à vivre ?
- Quels choix feriez-vous si vous pouviez vivre de votre passion ?
- Que feriez-vous si vos rêves d'enfant pouvaient se réaliser ?
- Quels sont les 3 voeux que vous aimeriez voir exaucer ?
- Quels sont vos plus grands regrets ?

POSEZ-VOUS
les bonnes questions

5 QUESTIONS
Essentielles

Si vous êtes prêt à poursuivre le processus qui vous permettra de vraiment comprendre qui vous êtes, posez-vous ces 5 nouvelles questions :

Question 1

Qui seriez-vous si vous pouviez être, faire ou avoir tout ce que vous voulez ? (Imaginez que vous pouvez tout réussir).

Le risque d'échec terrifie la plupart des gens. Combien de fois avez-vous voulu changer d'emploi ou de carrière, déménager dans une nouvelle ville, partir rejoindre une association caritative ou faire le tour du monde ? Imaginez maintenant que tout cela est possible et que vous ne pouvez pas échouer... que feriez-vous ?

Question 2

Quelles sont vos plus grandes forces, compétences et qualités ?

Que faites vous avec facilité ?
Quels sont vos talents, vos dons ?
Vos réponses vous permettront d'identifier la voie à creuser.
Nous sommes souvent doués pour des choses que nous aimons faire ou que nous pourrions développer dans une nouvelle activité !

Question 3

Qu'est-ce qui vous rend vraiment heureux ?

Par exemple, si la famille est l'une de vos valeurs fondamentales, est-ce que le fait d'accepter un travail qui implique des voyages vous rendra heureux ? Allez plus loin et réfléchissez vraiment à ce qui vous donne le sourire.

Question 4

Quelles sont vos passions ?

Qu'aimez-vous faire ?
À quoi occupez-vous vos week-end ? (passions, loisirs, centres d'intérêt...).
Listez les choses que vous adorez faire et dont vous ne pouvez pas vous passer. Ces éléments vous permettront de mettre en lumière les clés de votre épanouissement.

Question 5

Si l'argent n'était pas un problème, comment vivriez-vous votre vie ?

De nombreuses personnes assimilent directement le bonheur et la réussite à la quantité d'argent dont elles disposent. Combien de fois avez-vous entendu : "Si je gagne au loto, je réaliserai mes rêves..."
Si aujourd'hui vous étiez libre financièrement, que feriez-vous ?

LES PIÈGES À ÉVITER
sur la route du succès

Lors d'un changement, il suffit parfois d'un grain de sable pour que notre motivation soit réduite à zéro. **Des facteurs externes** peuvent nous décourager. Il arrive que nos proches tentent de nous dissuader.
Ils ne sont pas forcément malveillants. Mais comme ils n'ont pas eu le courage d'oser, ils peuvent vous convaincre d'abandonner en vous transférant leurs peurs. Je les appelle **les briseurs de rêves.**
Des facteurs internes peuvent également vous démotiver.
La peur de l'échec peut freiner vos projets et vous paralyser. Gardez bien à l'esprit ce schéma, car il vous permettra de garder le cap et d'éviter certains pièges. Rappelez-vous ce proverbe : "Un homme averti en vaut deux".

01 Avoir peur de l'échec. Ne pas se sentir à la hauteur de ses espérances.

02 Ne pas oser agir par peur du regard des autres.

03 Se laisser dépasser par les difficultés et ne pas prendre le recul nécéssaire.

04 Faire passer les attentes des autres avant les siennes.

05 Ecouter les briseurs de rêves qui vous poussent à abandonner.

LE CONSEIL *du jour*

Vous êtes le **maître de votre destin**. Vous devez choisir ce que vous désirez vivre. **Vous avez le choix** entre ne rien faire et vous laisser porter par la vie OU **tout mettre en oeuvre** pour changer.

18

Témoignage de votre coach

Lors d'une période de changement, nous nous laissons parfois dépasser par notre imagination. Face à l'ampleur des actions à mener, nous voyons une montagne se dresser devant nous. Nous avons l'impression de devoir escalader le mont-blanc.

Justement, pour avoir parcouru la vallée blanche il y a quelques années, je peux vous dire que notre imaginaire peut devenir notre pire ennemi. Pour éviter de se laisser emporter par nos pensées, il est essentiel d'être bien préparé mais surtout de faire appel à un "guide".
Lors de mon périple, mon guide a su me rassurer, m'encourager et me prouver que je disposais de toutes les facultés pour réussir.

Pour ceux qui l'ont vécu, la traversée s'étend sur plus de 20 km.
Vous parcourez une immense vallée parsemée de dangers en tout genre.
Après 4h de marche, vous terminez par l'ascension de l'aiguille du midi.

Et là, alors que je pensais sincèrement être arrivée au bout de mes efforts, mon guide me dit : "Nous allons traverser l'aiguille, nous aurons juste la place de mettre un pied devant l'autre. Sur notre gauche et notre droite, il y aura des kms de dénivelés. Il est trop tard pour appeler un hélicoptère, mais ne t'inquiète pas. Si tu trébuches, crie de toutes tes forces. Je sauterais de l'autre côté pour faire contre-poids."

Je ne vous cache pas que j'étais terrifiée. Je me suis dit : "Pourquoi je me suis engagée dans cette aventure ?"

J'avais la chance de faire cette traversée avec mon super-man et il était là, lui aussi, pour me rappeler que tout est une question de mental !

Après quelques secondes interminables, j'ai repris le contrôle de mes pensées. J'ai conditionné mon esprit en me répétant en boucle : "Je ne dois pas m'inquiéter, mon guide sait ce qu'il fait. Je n'ai pas d'autre choix que de le suivre et lui faire confiance."

À savoir

Vous êtes votre propre limite. Il est tout à fait normal d'avoir peur, c'est humain, mais nos peurs ne doivent pas devenir un frein à notre bonheur. Je sais que ce n'est pas un exercice facile, c'est pourquoi nous allons travailler sur vos pensées, vos peurs, vos croyances dans les séances à venir.

Vous devez équilibrer votre énergie.
L'équilibre intérieur est un des facteurs clés de succès. Pour ce faire, concentrez-vous uniquement sur vous-même et arrêtez de vous disperser.

Vous devez vous demander chaque jour comment investir votre temps, votre énergie et vos compétences à la réalisation de vos projets.

Je vous propose d'être votre **"guide de réussite"**.
Si vous êtes prêt à poursuivre votre ascension, suivez-moi !

Pendant votre transformation, vous allez traverser 3 phases :

1- **La "lune de miel"**. Vous êtes enjoué. Vous désirez plus que tout vous améliorer. Vous êtes déterminé à bouleverser votre vie. Cette phase est comme son nom l'indique, positive, captivante et très agréable à vivre.

2- **La "résistance"**. La motivation s'estompe peu à peu et la réalité s'installe. Des périodes de doute apparaissent. Cette phase est charnière car beaucoup de personnes préfèrent abandonner face à la difficulté.

3- **La phase "seconde nature"**. Si vous passez ce cap, vous vous sentez en harmonie avec votre changement. Votre nouveau mode de vie devient une seconde nature. Vous êtes à présent sûr de vos choix et totalement disposé à relever des nouveaux challenges. Rien, ni personne ne pourra se mettre en travers de votre route. Vous savez que vous allez réussir.

SECRET DE RÉUSSITE N°1

Faites le choix de changer votre vie. Le choix n'est pas un souhait, c'est **un engagement** envers vous-même.

Maintenant que vous connaissez les points de vigilance, je vous propose de découvrir l'exercice du jour. Si vous n'avez pas toutes les réponses aujourd'hui, pas de panique, prenez le temps de progresser à votre rythme ! Notez simplement les idées qui vous traversent l'esprit.

Ma définition du bonheur

Les personnes qui réussissent à transformer leur vie savent ce qu'elles veulent, définissent ce dont elles ont besoin pour s'épanouir.

Elles progressent, jour après jour, et restent concentrées sur leurs objectifs. Je vous invite donc à planifier les premières étapes de votre changement. Listez les actions à entreprendre à court et à moyen terme.

Pour vous aider, répondez à ces questions :

- Pourquoi est-ce que je désire changer ma vie ?
- Qu'est-ce que je veux réellement vivre ? Quels sont mes projets ?
- Quels bénéfices vais-je en tirer ? En quoi ma vie sera plus belle ?
- Quels sacrifices vais-je devoir accepter ?
- Que dois-je mettre en place pour réussir cette étape de ma vie ?
- Comment vais-je opérer cette transformation ?

Cette dernière question est fondamentale car vous allez devoir modifier votre quotidien. Pour que votre changement de vie soit un succès, il est important de procéder, étape par étape, en mettant en place de **bonnes habitudes**.

Une fois vos attentes définies, gardez en tête vos objectifs et relisez-les tous les matins avant de commencer votre journée.

Persévérez... surtout quand tout le monde

tente de vous décourager.

CHAQUE MINUTE QUI PASSE EST UNE OCCASION **DE CHANGER** LE COURS DE SA VIE !

- SOFIA SERRANO

Les clés d'un changement réussi

Nous avons tous envie de changer quelque chose dans notre vie. Nous éprouvons le désir de nous améliorer, de **devenir la meilleure version de nous-même**. La preuve en est lors des résolutions du nouvel an...
Selon une enquête de Toluna / Newpharma, la forme physique arrive en tête des bonnes résolutions : 38% de personnes commencent un régime et 35% veulent se mettre au sport. Mais savez-vous combien d'entre eux arrivent à tenir leur engagement sur le long terme ? **Seulement 5 %**.

Changer un comportement de manière durable est un processus difficile. Cela implique un engagement substantiel de temps, d'efforts et de gestion de ses émotions. Mais ce n'est pas tout...
Si vous n'arrivez pas à changer, malgré toute la meilleure volonté du monde, c'est parce que vous ne savez pas que, la clé de votre réussite, réside dans votre esprit.

Que vous désiriez faire un régime ou changer de carrière, ce n'est pas le régime ou votre recherche d'emploi qui fera la différence, c'est uniquement le travail que vous allez faire sur **votre mental**.
J'en ai pour preuve mon travail de coach, 80 % de mon métier repose sur la préparation mentale et la confiance en soi.

LES 4 ÉTAPES
du changement

Il existe **4 étapes essentielles** pour réussir un changement. Pour rester motivé et poursuivre vos efforts sur la durée, il est important de les suivre étape par étape, sans précipitation.

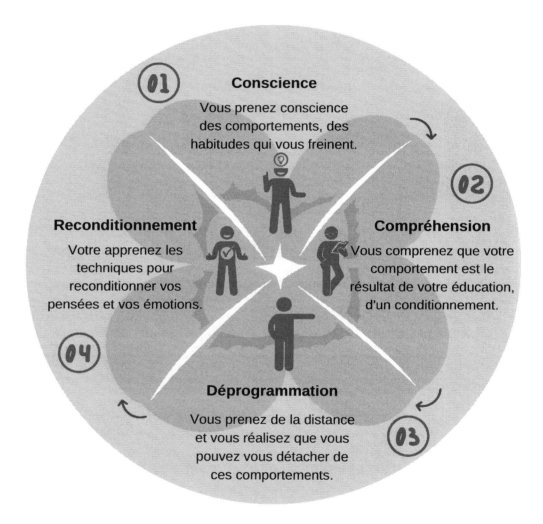

01

Conscience

Vous prenez conscience des comportements, des habitudes qui vous freinent.

02

Compréhension

Vous comprenez que votre comportement est le résultat de votre éducation, d'un conditionnement.

Reconditionnement

Votre apprenez les techniques pour reconditionner vos pensées et vos émotions.

04

03

Déprogrammation

Vous prenez de la distance et vous réalisez que vous pouvez vous détacher de ces comportements.

LE CONSEIL

du jour

Retenez bien ces 4 étapes car nous allons les franchir ensemble durant ce programme. Elles vont vous permettre d'**atteindre vos objectifs,** mais surtout d'obtenir des **résultats durables**.

Étape 1 : la prise de conscience

Pour pouvoir évoluer, il est nécessaire d'identifier les comportements que vous devez changer.

Pour expliquer les phases du changement, j'utilise souvent **la parabole de la chenille qui se transforme en papillon** !

Penchons-nous quelques instants sur les caractéristiques étonnantes de ce véritable tour de magie.

Chenilles et papillons bien que très distincts morphologiquement, font partie du même cycle de développement.

Une fois adulte, la chenille va, peu à peu, se transformer en chrysalide.

Elle tisse un cocon avec de la soie pour opérer sa métamorphose.

Pendant **cette mutation**, le cocon dans lequel elle évolue est extrêmement vulnérable, elle se retrouve sans aucune défense face au monde extérieur. La chenille s'expose alors à de nombreux dangers.

La métamorphose peut durer plusieurs semaines, temps pendant lequel le papillon est en train de développer son nouveau corps.

Et un jour vient **l'émergence**, le papillon sort de sa chrysalide pour déployer ses ailes.

 La porte du changement ne peut s'ouvrir que de l'intérieur. ~ Jacques Salomé.

Ce qui est intéressant de noter, c'est qu'au sein de cette même espèce, **seuls 10 % des chenilles** survivent et **se transforment** en papillons.

Sommes-nous si différents d'eux ? **Nous avons, nous aussi, un cocon qui peut nous limiter à un instant de notre vie**. Notre comportement à travers nos pensées, nos croyances, peut nous emprisonner dans un carcan. Certains d'entre nous, font alors un travail sur eux pour s'améliorer et sortent de leur cocon pour **grandir, s'épanouir, se révéler**. Les autres n'en changeront jamais.

Il ne tient qu'à vous de choisir votre camp. Chaque jour devrait être une opportunité de changer. Qu'en pensez-vous ?

Si vous avez décidé de **faire de votre changement une priorité**, alors vous êtes capable de prendre le recul nécessaire, pour comprendre les sacrifices et les efforts à mettre en place, pour réussir.

Ne perdez pas une minute de plus, vous devez prendre conscience de tout ce qui vous limite, dès aujourd'hui.

Prenez quelques instants pour faire la liste de vos comportements et de vos habitudes. Puis écrivez dans votre journal de bord, toutes les choses qui vous bloquent dans votre vie. Le simple fait de vous poser, pour réfléchir, va vous permettre d'identifier les habitudes saines (à conserver) et malsaines (à modifier). **La prise de conscience joue un rôle de catalyseur dans votre changement.**

Étape 2 : la compréhension

Cette seconde étape consiste à comprendre **l'origine** de votre conditionnement mental. Vous êtes le fruit de votre éducation. Vos pensées, vos croyances et vos peurs notamment, vous ont été transmises par vos parents. Ce **capital héréditaire** explique aujourd'hui certains de vos comportements. Mais la bonne nouvelle, c'est qu'**il ne définit pas la personne que vous êtes**. Nous allons consacrer la journée de demain aux étapes 2, 3 et 4, car elles sont déterminantes pour votre avenir.

Étape 3 : la déprogrammation

Il faut savoir qu'un changement est **un processus d'abandon**.
Vous allez devoir véritablement abandonner une partie de vous, pour vous métamorphoser et vous envoler tel un papillon !

Vous êtes une personne unique et formidable. **Votre unicité fait de vous votre valeur.** Une fois que vous aurez compris que vous n'êtes pas obligé de suivre l'exemple de vos parents, alors vous deviendrez la personne que vous avez toujours rêvé d'être.
On qualifie cette étape de **déprogrammation**, car vous prenez la décision de cesser d'agir à travers **le spectre de votre éducation**.
Vous devenez libre de choisir ce que vous désirez conserver (vos aspirations profondes) ou classer dans un dossier "aux oubliettes".

Quand mes coachés arrivent à cette étape, ils souhaitent passer à l'action très rapidement. Ils pensent pouvoir se débarrasser de leur conditionnement avec facilité. Mais modifier le conditionnement de son esprit, n'est pas aussi simple qu'un brossage de dents. Vous allez devoir remonter vos manches et faire preuve d'auto-discipline.
Qui a dit que devenir GÉNIAL était facile ?

Étape 4 : le reconditionnement

Le reconditionnement aussi appelé "**reprogrammation mentale**" est l'étape **la plus délicate à implémenter.** C'est pourquoi, je vais vous transmettre, tout au long de cette semaine, les techniques que les sportifs de haut niveau utilisent pour programmer leur cerveau vers la réussite.

J'ai constaté au cours de ma carrière que beaucoup d'individus ne connaissent pas la puissance de leur cerveau. C'est pourtant à partir de lui que tout fonctionne. Quand j'essaie d'enseigner à mes coachés ce qui se passe dans leur esprit, je leur explique qu'on peut **comparer le cerveau à un ordinateur**. À l'intérieur, sont enregistrés une suite de programmes, composés de dossiers, classés par thèmes.
Nous puisons dans notre ordinateur comme dans une ressource, **pour savoir comment agir et nous comporter** face au monde extérieur.

SECRET DE RÉUSSITE N°2
Le Savoir donne le Pouvoir.
L'apprentissage doit être le projet de toute votre vie.

Ce qu'il faut comprendre, c'est que vous ne pouvez puiser, que dans ce qui est dans la mémoire de votre ordinateur *(ce que vous connaissez déjà)*. C'est la raison pour laquelle, si nous ne reconditionnons pas notre cerveau avec de nouvelles façon de penser, alors nous retombons invariablement dans nos travers. Ce qui explique que 80 % des régimes ne fonctionnent pas. **Pour réussir, il faut implémenter un nouveau disque dur dans votre cerveau !**

Témoignage de Stéphanie

Je rencontre Stéphanie à un dîner. C'est la nouvelle compagne d'un de mes amis. Elle est Directrice commerciale dans un établissement de Luxe à Paris et me dit qu'elle rêve de changement. Elle aimerait avoir un nouveau mode de vie plus zen, avoir des horaires de travail plus souple pour prendre soin d'elle. Au fil de notre discussion, je lui demande ce qui l'empêche concrètement de réaliser son projet. Elle me répond qu'elle ne voit pas comment cela pourrait être possible avec son métier actuel.

Quand elle me voit sourire, elle me demande comment faire. Je lui explique alors que "les ceintures blanches de judo connaissent les mêmes mouvements que les ceintures noires. Mais, ils ne les ont pas suffisamment répété pour les exécuter parfaitement".

Si vous voulez changer votre vie, il va falloir **vous entrainer chaque jour, avec les bonnes pratiques**, mais aussi dépasser vos limites. De plus en plus enjouée par notre échange, je vois une petite flamme s'allumer dans ses yeux. Elle me dit qu'elle doit chercher un nouveau poste rapidement. Bien sûr, j'aurais pu lui dire oui, mais je suis rapidement rattrapée par mon métier et je lui réponds que cela ne changera pas sa vie en profondeur.

Pour être pleinement épanoui, il faut procéder étape par étape et surtout **agir de l'intérieur** avant de prendre des mesures et des décisions extérieures.

Nous avons l'occasion de nous voir régulièrement à mon bureau et hors du contexte professionnel. Après une **prise de conscience** et un cheminement intérieur, Stéphanie me dit qu'elle était enfin passée ceinture marron de judo ! Elle devait encore pratiquer une routine quotidienne pour apaiser ses pensées, mais elle se sentait enfin mieux dans ses talons aiguilles !

À ce moment précis, je lui ai dit : "Maintenant tu es prête à changer de métier si c'est toujours ton désir !" Mais elle n'en avait plus besoin.

Si comme Stéphanie, **vous désirez récolter de nouveaux fruits** (obtenir de nouveaux résultats dans votre vie), vous devez en priorité **modifier vos graines** et non essayer de trouver un nouvel engrais ou une nouvelle technique d'arrosage. Les clés d'un changement réussi, passe par ce qui est à **l'intérieur de vous,** plus précisément **dans votre cerveau**. Ne vous trompez pas de chemin...

Mes affirmations positives

Les gens qui réussissent, des entrepreneurs aux athlètes olympiques, ont compris qu'il ne suffisait pas d'utiliser la volonté, pour alimenter leur succès. Ils utilisent des affirmations positives. Il s'agit d'abandonner toutes ses pensées négatives et de **bombarder son cerveau de nouvelles pensées positives.** Pour schématiser, **les affirmations modèlent votre esprit, comme l'exercice physique muscle votre corps.** Elles font partie du processus de reconditionnement mental. En répétant ces mantras, vous réalisez que tout dépend de vous. Mais, pour que cela fonctionne, vous devez choisir les bons ingrédients et suivre les étapes de la recette avec précision.

1. Commencez vos phrases par "Je suis capable de, je veux ou je suis".
2. Choisissez ce que vous désirez ÊTRE, AVOIR et FAIRE et non l'inverse.
3. Rajoutez une émotion à chacune de vos affirmations.
4. Faites des phrases courtes et impactantes. Vous devez les répéter à voix haute, 2 fois par jour, pendant 21 jours au minimum.

En panne d'inspiration ? Suivez le guide !
"Je célèbre mon diplôme d'infirmière avec tous mes amis".
"Je veux réussir à perdre du poids, pour me sentir bien dans mon corps".
"Je suis heureux et reconnaissant d'exercer le métier de mes rêves".
"Je fête avec joie mon cinquantième anniversaire en pleine forme".
Vous pouvez aussi utiliser ces phrases : "Je me sens exaltée... J'attire à moi la joie... J'apprécie de pouvoir.... Je me sens à l'aise..."

Ne sautez pas une séance. Avançons, main dans la main.

"

CROYEZ QUE VOUS POUVEZ LE FAIRE & VOUS AUREZ DÉJÀ FAIT LA MOITIÉ DU CHEMIN POUR Y ARRIVER !

- THÉODORE ROOSEVELT

La puissance de votre mental

J'espère que vous avez pris plaisir à travailler sur vos affirmations positives. Cet exercice nous montre que nous pouvons transformer notre vie, simplement en entretenant **de nouvelles pensées.**

Aujourd'hui, nous allons monter d'un cran et comprendre comment recâbler votre cerveau, pour vivre dans une spirale positive.

De nombreuses études ont montré que la négativité est l'un des facteurs qui empêche les individus d'exploiter leur plein potentiel.

De fait, la première chose que vous devez retenir, c'est que TOUT dans le monde, commence et se produit, grâce **au pouvoir des pensées**.

Vous et moi, sommes le produit de nos pensées. Une seule pensée peut avoir un impact et déclencher une vague de réactions en chaîne.

Vos pensées combinées à vos émotions façonnent tous les domaines de votre vie.

Si vous répétez les mêmes pensées, alors vous obtiendrez toujours les mêmes résultats. Albert Einstein nous l'a d'ailleurs enseigné :

> 66 *La folie est de toujours se comporter de la même manière et de s'attendre à un résultat différent.*

LE COMPORTEMENT
de votre cerveau

Permettez-moi de vous présenter **le modèle de Brooke Castillo**, qui nous explique le lien entre nos pensées et l'état actuel de notre vie. Selon son étude, une **P**ensée engendre une **É**motion, qui implique une **A**ction qui mène à un **R**ésultat. Le schéma suivant illustre le lien de cause à effet entre ces différents éléments.

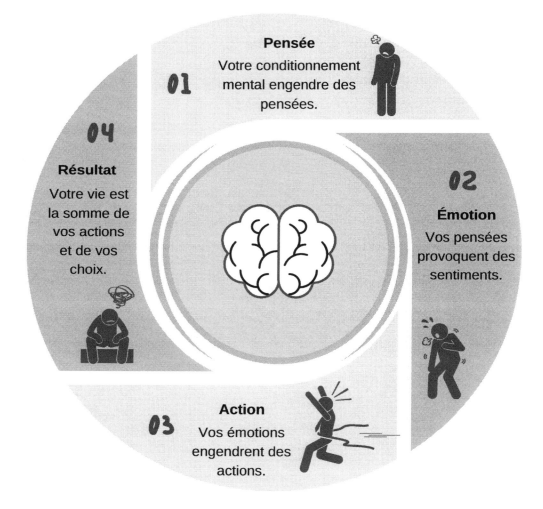

01 Pensée
Votre conditionnement mental engendre des pensées.

02 Émotion
Vos pensées provoquent des sentiments.

03 Action
Vos émotions engendrent des actions.

04 Résultat
Votre vie est la somme de vos actions et de vos choix.

LE CONSEIL *du jour*

Retenez bien la formule suivante :

$$P \longrightarrow \acute{E} \longrightarrow A = R$$

Pensée + Émotion + Action = Résultat

Votre conditionnement

Nous venons de voir que notre programme intérieur est le résultat de nos pensées, de nos émotions et de nos actions.

Mais quelle en est sa source ? La séance d'hier nous a démontré que **nous sommes tous le fruit de notre éducation.** Nos parents, nos proches, puis nos professeurs ou nos mentors nous ont servi de guide. Leurs influences nous ont permis de nous construire en tant qu'adulte.

Le scientifique Bruce Lipton, expert en épigénétique précise que nos comportements sont liés aux programmes que nous avons acquis pendant les 7 premières années de notre vie. Ils sont implémentés dans **notre subconscient, qui est le disque dur de notre cerveau.**

Le problème, c'est que notre subconscient agit comme un **pilote automatique** et conditionne **95 %** de nos agissements.

SECRET DE RÉUSSITE N°3

Vous avez en vous **le plus grand des pouvoirs**,
celui d'orienter vos pensées vers le succès.

Si vous voulez comprendre qui vous êtes, ou plus précisément, comment vous êtes programmé, il vous suffit de remonter le temps.

Tous les enseignements que vous avez reçus pendant votre enfance, **ont conditionné votre manière d'apprendre, d'être et d'agir aujourd'hui.**

POSEZ-VOUS
les bonnes questions

5 QUESTIONS
Essentielles

Pour décrypter les racines de votre conditionnement, je vous invite à vous pencher sur ces 5 questions :

Question 1

Quel discours a marqué votre enfance ? Que vous ont transmis vos parents ?

La **programmation verbale** a eu un impact dominant sur la personne que vous êtes aujourd'hui. Ceux sont vos parents qui les premiers vous ont transmis leur vision du monde. Leur manière de penser a eu une **influence indélébile** sur vous.

En analysant les discours répétitifs de vos parents, vous comprendrez en partie, d'où proviennent vos croyances, vos habitudes.

Question 2

Quelles sont les personnes qui vous inspirent ? Quels ont été vos modèles ?

Pour construire notre personnalité, nous avons besoin de nous identifier à des modèles. Faites la liste de toutes les personnes qui ont marqué votre vie et regardez les comportements, les attitudes, les traits de caractères que vous avez en commun.

Question 3

Quelles peurs vont ont transmis vos parents ?

Les peurs sont souvent transmises de génération en génération. Imaginons que vos parents aient toujours eu peur de manquer d'argent. Vous avez reçu cette inquiétude et vous pouvez, à votre tour, vous comporter comme eux, par mimétisme. Cela peut avoir une incidence négative sur votre vie.

Question 4

Quels exemples avez-vous reçus ?

Quel tempérament avez vos parents ? Comment se comportaient-ils face aux difficultés ? Prenaient-ils des risques ou étaient-ils peureux ? Qu'avez-vous vu lorsque vous étiez enfant ? Sachez que l'apprentissage passe en majorité par l'exemple.

Question 5

Quels évènements personnels vous ont le plus marqué ?

Listez tous les moments forts de votre vie. Vous avez fait un saut en parachute ? Vous avez échoué à un examen ? Prenez le temps de comprendre comment ces évènements ont influencé votre manière de vous comporter. Vous ont-ils poussé à vous dépasser ou vous ont-ils paralysé ?

Témoignage de Paul

Je rencontre Paul à mon cabinet. Cet excellent cuisinier souhaite abandonner son poste de Directeur financier pour enfin vivre de sa passion.

Depuis 5 ans déjà, il voulait mettre son projet en route, mais n'arrivait pas à croire qu'il pouvait ouvrir un restaurant. Lors de notre première séance, j'ai demandé à Paul de me parler de lui, de son enfance. Très rapidement, il a pris conscience, que ses parents lui avaient toujours dit qu'il fallait qu'il exerce un métier stable et convenable.

Vous l'aurez compris, Paul était pris au piège entre son rêve et son éducation. Il agissait en fonction des autres et non en fonction de ses aspirations profondes. Vous ne pouvez pas imaginer à quel point votre conditionnement mental (transmis en majorité par vos parents, comme nous l'avons vu) peut avoir une influence déterminante sur vos choix, et dans le cas de Paul devenir un véritable frein.

Un jour, voyant qu'il était dans une impasse, je lui dis : "Bien sûr, il est important d'écouter vos parents mais vous avez plus de quarante ans. Vous ne pensez pas qu'il est temps d'exercer un métier qui vous fait vibrer ? Vous n'allez pas attendre d'être à la retraite pour réaliser votre rêve ?"

Sa réponse fut éloquente : "Vous avez raison, mais j'ai quand même peur de les décevoir. Pour eux, un métier doit être reconnu et pas forcément nous plaire."

Je lui ai répondu : "Parfait, alors devenez un restaurateur célèbre. Avec votre talent pour la cuisine et vos compétences financières, vous avez tout pour réussir."

Ma réponse a su le convaincre car en moins de 5 mois, Paul s'est lancé. Il a ouvert son restaurant en Bretagne et il est pleinement épanoui aujourd'hui.

Quand je suis allée dîner dans son établissement quelques années plus tard, je lui ai demandé ce qui l'avait le plus marqué dans notre coaching. Il m'a répondu : "C'est notre capacité à pouvoir déprogrammer chacun de nos conditionnements."

Je ne vous cache pas qu'il va vous falloir de la patience et de la persévérance pour procéder à cette transformation, mais vous avez encore du temps devant vous, n'est-ce pas ? Qu'est-ce qui vous retient d'avancer ?

À retenir

Il existe **3 facteurs** au conditionnement :

- **Le conditionnement verbal** : Ce que vous avez entendu.
  Le discours répétitif de vos parents sur un sujet particulier.
  "Il faut exercer un travail stable", par exemple.

- **Le conditionnement visuel** : Ce que vous avez vu en tant qu'enfant.
  En regardant le comportement de vos parents, vous avez appris par l'exemple et par mimétisme.
  "Vous avez vu vos parents malheureux au travail. Vous pensez qu'il ne peut en être autrement pour vous aussi".

- **Le conditionnement expérimental** : Ce que vous avez vécu. Les grands moments de votre vie, votre expérience (personnelle et émotionnelle) ont marqué votre manière d'agir.

Votre état émotionnel

Je tiens à présent, à vous faire part d'une expérience réalisée par le Docteur Emoto, qui a mis en évidence **l'influence de la pensée sur la matière.** Masaru Emoto démontre qu'il suffit de parler avec bienveillance et d'avoir des pensées positives, pour que des molécules d'eau se transforment en magnifiques cristaux. Quand il renouvelle l'expérience en formulant des insultes, les cristaux deviennent noirs et difformes.
Sachant que notre corps est composé à **80 % d'eau**, cela laisse à réfléchir. Imaginez l'impact que nos pensées, nos croyances et nos émotions peuvent avoir sur nous !

> *Tout ce que votre cerveau peut concevoir et croire, il peut le réaliser. ~ Napoleon Hill.*

Avez-vous déjà commencé une journée de bonne humeur et réalisé au fil du temps, que tout s'était bien passé ? Peu importe les défis que vous avez rencontrés, tout a été facile.
Les autres jours, les plus petites contrariétés ont le pouvoir de vous décourager, voire de vous accabler.
Les émotions conditionnent notre vie et affectent notre comportement au quotidien. Nous pouvons être traversés par des émotions de colère, de bonheur, de peur, de honte, de joie, de tristesse... sans trop savoir comment les gérer.
Lorsque nous nous sentons en colère, nous sommes plus susceptibles d'agir de manière agressive. Lorsque nous sommes détendus, nous pouvons aborder les aléas de la vie sans grande difficulté.
Les neurosciences nous permettent aujourd'hui de mieux appréhender le pouvoir de notre cerveau et l'influence de nos pensées sur la réussite de notre vie.
Les scientifiques ont notamment découvert que nos pensées provoquent toujours **les mêmes** émotions. De nombreuses études montrent aujourd'hui les bienfaits de la pensée positive sur **notre santé physique et mentale**. Apprendre à orienter vos pensées sur **une fréquence positive** va avoir un impact sur tous les domaines de votre vie. Nous étudierons ce concept en détail demain !

Comment reprogrammer vos émotions ?

Lorsqu'une émotion est déclenchée, **que se passe-t-il réellement** ?
Suite à une réaction émotionnelle, notre cerveau sécrète des hormones qui vont changer ce qui se passe dans notre corps et influencer notre manière d'agir. Par exemple, si une personne se sent en danger, son cerveau va changer de fréquence pour trouver un moyen de se protéger.

Pour rappel, vos pensées entraînent des émotions. Donc pour pouvoir gérer vos émotions, l'étape numéro 1 est de faire un travail sur vos pensées. La bonne nouvelle, c'est que vous n'avez pas besoin de contrôler vos pensées, il suffit juste de les **modifier dès que du négatif apparaît.**

Pendant quelques jours dès qu'une pensée vous traverse demandez-vous : "Est-ce positif ou négatif ? Cela me rend-il heureux ou malheureux ?"
Si une pensée ne résonne pas en vous, **vous n'avez pas à en faire votre réalité**. Stoppez directement votre discussion intérieure. Changez votre fréquence et choisissez des pensées plus positives. Votre cerveau s'orientera alors sur ce que vous désirez vraiment.

À savoir

Les émotions sont des informations auxquelles nous devons prêter une attention particulière. **Elles sont le baromètre de nos états d'âme.** Elles nous permettent de savoir, si nous sommes **sur le bon chemin** et en accord avec **nos aspirations profondes.** Dès que vous ressentez une émotion négative, cela signifie que vous devez vous poser les bonnes questions, pour rapidement changer d'orientation. Inversement toutes les émotions positives sont le signe que vous devez poursuivre vos efforts car **vous êtes sur la bonne route**.

Pour aller plus loin et mettre en pratique les concepts abordés dans la séance du jour, je vous invite à réaliser un exercice de coaching que je propose régulièrement à mes clients. Il s'agit de faire une **"Cure détox"** pour chasser toute forme de négativité dans votre vie. Vous allez éliminer les "toxines" de votre cerveau (à savoir vos pensées négatives) pour les remplacer par des pensées positives et constructives. Cet exercice simple en apparence, vous servira le reste de votre vie.

Ma cure détox

Pendant les **7 prochains jours**, tenez un "journal de bord" de vos pensées et de vos émotions. À chaque fois que vous vous sentirez traversé par une sensation ou pensée négative, arrêtez toute activité et suivez les étapes suivantes :

- **Demandez-vous pourquoi vous vous sentez mal.**
  Notez tous les mots qui vous viennent à l'esprit pour traduire votre "mal-être".

- **Analysez ce que votre émotion essaie de vous dire.** Comme nous l'avons vu, vos émotions sont des signaux qui vous donnent un éclairage précieux et peuvent vous guider vers une solution.
  Imaginons que vous vous sentiez stressé car vous devez faire une présentation devant votre patron. Votre stress est peut-être un signal, qui vous alerte que vous n'êtes pas suffisamment bien préparé !

- **Envisagez des solutions.** À présent, il est temps de trouver des solutions pour stopper votre mal-être. Si nous reprenons notre exemple, vous pouvez décider de relire vos notes pendant votre pause déjeuner, pour vous sentir plus confiant ou vous conditionner avec des affirmations positives pour vous motiver.

- **Utilisez une image**. Vous n'arrivez pas à contrôler votre stress malgré les solutions envisagées ! Pas de panique, il vous suffit de débrancher vos pensées de manière automatique. Choisissez une image relaxante que vous allez utiliser pour stopper chacune de vos pensées négatives, à partir d'aujourd'hui. Cette image sera votre signal pour bloquer vos pensées parasites.

- **Visualisez une conclusion positive.** Enfin, imaginez ce que vous voudriez vivre si tout se passait, comme vous le désirez. Visualisez votre réussite, les émotions positives que vous ressentirez (un sentiment de bien-être et de plénitude, par exemple).
  Conditionnez votre cerveau, sur la bonne fréquence, pour ne former dans votre esprit que des pensées bienveillantes.

"

SI VOUS NE POUVEZ PAS FAIRE

DE GRANDES CHOSES, **FAITES** DE PETITES **CHOSES** DE FAÇON GRANDIOSE...

- NAPOLEON HILL

Le pouvoir de la pensée positive

Comment s'est passé votre détox d'hier ? Vous devez déjà en ressentir les bienfaits. J'espère que vous êtes dans les starting-blocks et prêt à démarrer notre séance du jour, consacrée à la pensée positive.

La pensée positive est une attitude mentale et émotionnelle qui consiste à **se concentrer sur le bonheur**. C'est s'attendre à réussir, à avoir des résultats positifs. C'est regarder vers l'avenir et **envisager une vie meilleure**. Mais c'est aussi, être suffisamment armé pour ne pas se décourager, si nos plans ne se déroulent pas comme prévu. Si tel est le cas, une personne positive reste motivée et n'accepte pas la défaite. Pour elle, **l'échec n'est pas une option**.

Quelle est l'importance de la pensée positive ? Il faut savoir qu'elle peut "construire" ou "détruire" le socle d'un individu. Nous l'avons vu hier, nos pensées affectent nos actions, et nos actions engendrent un résultat soit positif (un succès), soit négatif (un échec).

Le pouvoir de la pensée positive ne doit donc pas être sous-estimé. C'est pourquoi nous allons voir aujourd'hui, comment cultiver l'optimisme et en faire un élixir pour votre vie. Top départ !

LES 10 BÉNÉFICES
de la pensée positive

En quoi l'optimisme peut changer votre vie ? Dans le schéma suivant, vous allez découvrir les 10 principaux bénéfices de la pensée positive. Cette liste est non exhaustive. Vous pouvez la compléter à votre guise.

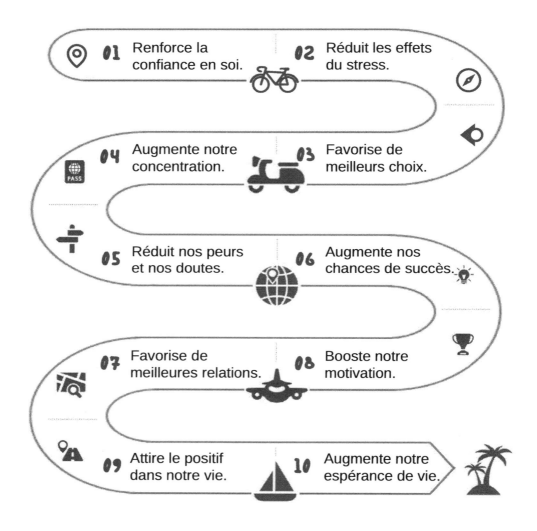

01 Renforce la confiance en soi.

02 Réduit les effets du stress.

04 Augmente notre concentration.

03 Favorise de meilleurs choix.

05 Réduit nos peurs et nos doutes.

06 Augmente nos chances de succès.

07 Favorise de meilleures relations.

08 Booste notre motivation.

09 Attire le positif dans notre vie.

10 Augmente notre espérance de vie.

LE CONSEIL
du jour

Lorsque vous pensez à ce que vous voulez et à la manière de l'obtenir, **vous vous sentez plus heureux.** Si vous adoptez une attitude positive...vous allez attirer à vous des situations positives, tout simplement...

De nombreuses études se sont penchées sur le rôle de la pensée positive sur notre mental. Lorsque vous pensez à quelque chose qui vous rend heureux, **votre cerveau libère de l'endorphine**, aussi appelée **hormone du bonheur**. Elle vous procure une sensation de bien-être. L'avantage, c'est que cette hormone va agir comme une drogue et votre cerveau va vouloir en ressentir ces effets, encore et encore.

Ainsi, en cultivant l'optimisme, vous allez vous sentir de plus en plus heureux et de bonne humeur. Vous ne laisserez plus les problèmes de la vie courante affecter votre esprit, vos émotions et votre comportement. La pensée positive fera passer **votre vie à un niveau supérieur**.

SECRET DE RÉUSSITE N°4

Vous seul, pouvez croire en votre **capacité à changer**. Vous avez en vous la force, l'endurance et les capacités pour réussir.

Quoi que vous désiriez changer dans votre vie, vous aurez besoin d'expertises et de compétences spécifiques, mais elles ne vous mèneront nulle part sans optimisme, sans rêve et sans l'espoir de réussite.

Je vous le répète maintenant depuis plusieurs jours : **Tout dépend de vous et de votre état d'esprit**. Lorsque vous choisissez vos pensées, vous **devenez le maître** de votre mental. N'oubliez jamais, que si vous ne pouvez pas contrôler les événements que la vie vous réserve, **vous pouvez contrôler la manière, dont vous allez réagir et vous comporter**. Vous ne pensez pas qu'il est temps de reprendre les commandes de votre vie ? Ne laissez plus le pilote automatique contrôler votre trajectoire.

DES STRATÉGIES POUR
cultiver l'optimisme

5 STRATÉGIES
Essentielles

À chaque situation, une solution optimiste. Si vous êtes prêt à modifier ce qui est sous votre contrôle, alors vous êtes prêt à suivre ces 5 stratégies.

Stratégie 1

Contrôlez votre discours intérieur.
Reprenez notre exercice d'hier sur "la cure détox". Dès que vous vous surprenez à vous juger ou à vous critiquer, prenez soin de remplacer tous vos messages négatifs par des paroles réconfortantes et positives.
Ainsi un "Je suis si mauvais" devient "Je suis en train de m'améliorer" et un "J'ai échoué mon rdv" devient "Je ferai mieux la prochaine fois, je suis capable de réussir".

Stratégie 2

Faites le point sur vos peurs.
Nous y reviendrons en détail demain lors de notre séance consacrée à ce thème. Mais vous pouvez, dès à présent, identifier les peurs qui vous attirent dans une spirale négative.
Le fait de comprendre vos mécanismes de défense vous permettra de mettre de l'ordre dans votre vie. En focalisant sur le positif, vous allez réaliser que vos peurs ne sont qu'une illusion de votre esprit et que vous pouvez les dépasser au quotidien.

Stratégie 3

Concentrez-vous sur le présent.
Vivre maintenant signifie que vous ne vous laissez pas déborder par le passé qui est souvent source de nostalgie ou de souffrance, ni par le futur qui alimente vos craintes, votre niveau de stress. Vivre avec optimisme va vous permettre de zapper la remarque que vient de vous faire votre chef et de la ressasser pendant des heures. Plus vous serez positif, plus vous réaliserez que rien n'est aussi grave que l'on ne l'imagine.

Stratégie 4

Changez de vocabulaire.
Chaque mot que vous utilisez pour communiquer avec les autres, résonne dans votre esprit. Les mots vont avoir un rôle de régulateur de vos émotions et vous modifierez votre manière d'être. Plus vous utiliserez de mots positifs, plus cela aura un impact positif sur vos relations avec les autres. Dressez la liste des mots que vous utilisez au quotidien et remplacez-les par du positif.

Stratégie 5

Entourez-vous de personnes bienveillantes.
Votre entourage influence votre vie. Si vous choisissez de sélectionner uniquement des personnes qui veulent votre bien, il y a de forte chance que votre vie change. Vous serez alors enveloppé de bonheur.

Gardez le cap

Lors d'un changement de vie, il est fréquent de rencontrer des obstacles ou des retards mais ne soyez pas contrarié lorsque vos plans s'égarent.
Dans ce cas, poursuivez vos efforts et faites de votre mieux pour suivre le chemin qui se présente devant vous. Vous y arriverez un jour.
Vous faites juste un petit détour. Parfois, une attitude positive est tout ce dont vous avez besoin pour continuer.

Je sais à quel point, il peut être délicat pour certains d'entre vous de penser uniquement au positif car vous traversez peut-être une situation délicate dans votre vie. Mais c'est peut être justement le moment de changer vos pensées, vous ne trouvez pas ? Votre situation et votre moral ne peuvent que s'améliorer avec de bonnes pratiques...

Et c'est de votre vie dont il est question...
Certaines de vos priorités actuelles vont évoluer avec le temps et il faut agir maintenant pour construire un futur qui vous ressemble. Bien sûr, je ne vous demande pas de tout changer en un jour, mais **commencez à faire des choix pour votre bien-être personnelle, dès aujourd'hui**.

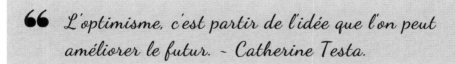

66 *L'optimisme, c'est partir de l'idée que l'on peut améliorer le futur. - Catherine Testa.*

Focalisez sur le bonheur

Quoi que vous traversiez, concentrez-vous sur ce qui est **vital** dans votre vie : **Le Bonheur**... **Il est la racine de vos désirs**.
Une fois que commencerez à mettre en pratique les outils de ce livre, vous aurez une idée claire de ce qui compte vraiment pour vous et comment passer d'une vie ordinaire à une vie EXTRA-ORDINAIRE.
Voici à présent le témoignage de Bernard, que j'ai choisi précisément car il a marqué ma carrière.

Témoignage de Bernard

Bernard est un grand dirigeant d'une firme Européenne. Quand je le rencontre au début de ma carrière, tout semble lui réussir. Il est à l'apogée de son art et rien ne semble pouvoir l'arrêter.

"Je suis au Zénith, je vais bientôt toucher les étoiles" me dit-il alors que je recrute sa nouvelle équipe. Je suis alors Chasseuse de tête et je rencontre de nombreux candidats et clients chaque jour. Mais il fait partie de ces personnes que l'on n'oublie pas.

Son charisme et son talent pour les affaires font de lui une légende dans son domaine d'activité.

Je suis régulièrement sa carrière dans les journaux pendant près de 10 ans, et le hasard de la vie fait que nous nous retrouvons.

Je suis alors invitée pour intervenir lors d'une table ronde dans une école de commerce. Lorsque je le croise, je suis surprise de voir que je n'ai plus à faire au même homme.

Bernard semble accablé. Je ne vois plus briller cette étincelle magique dans ses yeux. Que lui est-il arrivé ?

Il me confie qu'il est malade et que depuis l'annonce de son cancer, plus rien n'a de sens. Il me dit qu'il est certainement passé à côté de sa vie car il est seul pour affronter cette épreuve.

Je suis quelque peu déconcertée, mais je me force à garder ma ligne directrice, à savoir rester positive dans chaque situation. Pour le rebooster, je lui avoue qu'il a été une source d'inspiration au début de ma carrière car je n'avais jamais rencontré de personne aussi positive et confiante pour son avenir.

Il sourit et me dit : "C'était une autre époque ma chère Chantal. Les choses ont bien changé."

Je ne peux me résoudre à le voir s'enliser dans des pensées négatives.

Je décide de le faire réagir, car son pessimisme allait, à mon sens, littéralement lui coûter la vie.

Je lui réponds alors : " Les étoiles sont toujours à la même distance, c'est vous qui avez décidé d'atterrir dans les nuages. Vous êtes malade, c'est un fait, vous ne pouvez contrôler la dégradation de vos cellules, mais vous qui aimiez tant le pouvoir et contrôler vos affaires, vous pouvez décider d'être heureux ou non, le restant de votre vie !

C'est vous qui êtes le maître du jeu...et vous seul en avez le pouvoir."

Une fin heureuse

Vous n'imaginez pas la tête de Bernard.

Il ne parlait plus. Mais je voyais ses yeux reprendre vie et il me dit à la fin de la table ronde : "RDV demain matin à l'aube pour un petit-déjeuner. Nous avons du temps à rattraper, je dois réapprendre à vivre."

Bernard a fait un travail de fond sur ses pensées. C'était devenu pour lui un objectif, une raison d'être, qui le motivait à se lever chaque jour et à combattre la maladie. Et après un an, un matin, il m'apprend qu'il est en rémission.

J'en ai encore les larmes aux yeux. Il est évident qu'il aurait pu guérir sans modifier ses pensées, mais une petite voix me dit, que c'est son optimisme et son envie d'être heureux qui lui ont donné la force d'être en vie...

Mon interrupteur de bonheur

L'exercice du jour consiste à mettre en place une technique qui va vous permettre d'**éprouver une sensation de bien-être, à la demande**.

Vous pourrez appuyer sur le bouton de votre interrupteur de bonheur à votre convenance, pour recâbler votre mental et de ressentir une libération d'endorphines.

- Prenez quelques instants pour vous recentrer sur vous et vous détendre.
- Ravivez votre mémoire et rappelez-vous votre meilleur souvenir.
- Essayez de revivre pleinement ce moment. Que ressentiez-vous ? Quel comportement avez-vous eu ? Qu'avez-vous fait, vu, entendu ?
- Réalisez à présent un film en couleur de votre souvenir. Vous êtes l'acteur principal du film qui se déroule dans votre esprit, alors sentez-vous libre d'ajouter de la couleur, de faire scintiller les lumières et de sublimer les décors dans votre tête.
- Notez à quel point vous vous sentez vibrer. Vous êtes pleinement heureux et confiant. Cette sensation va vous servir d'ancrage. Vous allez à présent, fermer le poing gauche et vous concentrer uniquement sur ce sentiment de joie qui vous envahit.

Dès que vous rencontrerez une contrariété dans votre journée, fermez votre poing gauche et appuyez sur **votre interrupteur de Bonheur**.

En pratiquant cet exercice régulièrement, vous allez remarquer un regain de confiance et vous serez plus positif. Mais surtout, vous allez **acquérir un véritable pouvoir, celui du "contrôle de soi"**.

C'est dans l'inconfort qu'on grandit. Ne lâchez rien.

VOUS ÊTES

MAÎTRE DE VOTRE VIE &

QU'IMPORTE VOTRE PRISON

VOUS EN AVEZ LA CLÉ.

- DALAÏ LAMA

Se délivrer de vos chaînes

Qu'est-ce qui vous empêche d'obtenir ce que vous désirez dans la vie ? Quand je poste cette question à mes coachés, j'obtiens en général ces 3 réponses : "Le manque d'argent, de temps ou de compétences".

Mais savez-vous réellement ce qui vous empêche de vous épanouir dans la vie ? **C'est VOUS-MÊME.**

Pour être plus claire, ceux sont les histoires que vous vous racontez, qui entravent votre bonheur et votre réussite.

Pour illustrer mes propos, j'aime prendre l'exemple de Neil Amstrong, le premier homme à avoir marché sur la lune en Juillet 1969. Avant qu'il ne réalise son exploit, personne ne pensait que cela était possible.

Il y a beaucoup de choses qui peuvent vous sembler impossibles à réaliser aujourd'hui, mais la vérité est qu'elles ne sont pas inaccessibles, vous pensez juste qu'elles le sont.

> 66 *Que vous pensiez en être capable ou que vous ne le croyez pas, dans les 2 cas, vous avez raison. ~ Henry Ford.*

Mythe ou Réalité

Aujourd'hui, je vais vous raconter un conte africain intitulé : " la corde invisible ". Il était une fois un paysan qui se rendait au marché avec trois de ses ânes, pour vendre sa récolte. La ville est loin, au moins à trois jours de marche. Le premier soir, il s'arrête pour bivouaquer à proximité de la maison d'un vieil ermite. Au moment d'attacher son troisième âne, il réalise qu'il lui manque une corde. « Il faut absolument que j'attache mon âne se dit-il, sinon demain, il se sera sauvé ! »

Après avoir solidement attaché deux de ses ânes, il se rend chez le vieil homme pour lui demander de l'aide. Mais l'ermite ne possède rien, il a fait vœu de pauvreté. Il s'adresse alors au paysan et lui dit : « Retourne à ton campement et comme chaque jour, fais le geste de passer une corde autour du cou de ton âne et n'oublie pas de faire comme si tu l'attachais vraiment à un arbre.» N'ayant pas d'autre solution, le paysan fait exactement ce qu'on vient de lui conseiller. À son réveil, il est soulagé de voir que son âne est toujours là ! Il décide de se mettre en route, mais le troisième âne refuse de bouger. Le paysan a beau tirer sur son âne, le pousser, rien n'y fait. Désespéré, il retourne voir l'ermite et lui raconte sa mésaventure. « As-tu pensé à enlever la corde ? » lui demande-t-il.

« Mais il n'y a pas de corde, vous le savez bien ! » répond le paysan.

« Pour toi non, mais pour ton âne…il y en a une. » Le paysan retourne au campement et fait semblant de retirer la corde.

Son âne le suis alors, sans aucune résistance.

À retenir

Ne nous moquons pas de cet âne ! Nous sommes nous aussi prisonniers de nos pensées paralysantes, de nos croyances limitantes !
Justement, quelles cordes invisibles vous empêchent d'avancer et de mener la vie de vos rêves ? Nous allons dans la séance du jour, nous intéresser à nos croyances limitantes, ces "fausses pensées" qui nous empêchent de faire certaines choses et d'être la personne que nous avons toujours voulu être. Mais comment se créent nos croyances ?
 Quelles sont leurs origines ? Et comment les dépasser ?

LE FONCTIONNEMENT
des croyances limitantes

Une croyance limitante est une idée que vous avons de nous-même qui nous empêche de réaliser ce que nous voulons vraiment accomplir.
Au fil du temps, ces modèles de **pensées défectueuses** vont entraver votre progression. Pour mieux comprendre leur fonctionnement, je vous propose de vous imprégner de ce schéma.

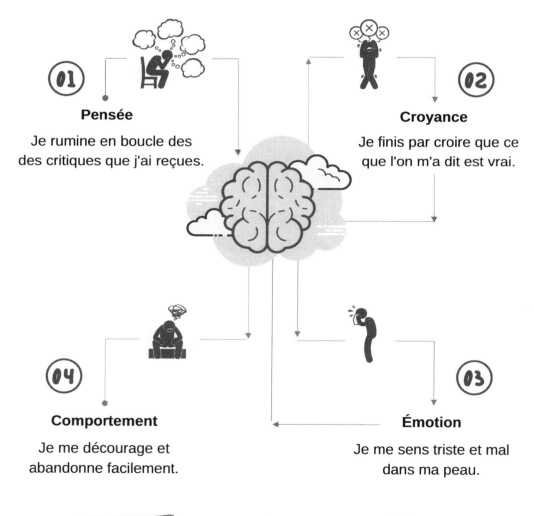

01

Pensée

Je rumine en boucle des des critiques que j'ai reçues.

02

Croyance

Je finis par croire que ce que l'on m'a dit est vrai.

04

Comportement

Je me décourage et abandonne facilement.

03

Émotion

Je me sens triste et mal dans ma peau.

LE CONSEIL
du jour

Le secret n'est pas d'éviter ou de fuir nos croyances limitantes mais de les analyser pour **trouver des solutions** et les surmonter.

Qu'est-ce qu'une croyance limitante ?

Il existe de nombreux ouvrages qui traitent de ce sujet, mais je suis toujours étonnée de voir, lors de mes séminaires, que les personnes n'arrivent pas toujours à les définir. Je vous propose une définition simple : "Une croyance limitante est une vue de notre esprit, qui nous fait croire que nous ne sommes pas capable de faire certaines choses."

À force de vous répéter en boucle des phrases négatives, vous finissez par y croire et vous bridez votre potentiel. Voici quelques exemples :

- Personne ne m'aime.
- Je suis incapable de parler anglais.
- Je ne sais pas construire une vie amoureuse.
- Je ne suis pas doué pour les études.
- L'argent ne fait pas le bonheur.
- Il faut travailler dur pour y arriver...

SECRET DE RÉUSSITE N°5

Je vous "interdis" de poursuivre votre auto-sabotage.
Libérez-vous de votre prison mentale, dès aujourd'hui !

Il faut savoir que la majorité de nos croyances sont, encore une fois, créées dans notre enfance. Au fil du temps, elles finissent par s'ancrer profondément dans notre subconscient. Elles font partie de notre identité et peuvent se révéler dévastatrices, si nous n'y prêtons pas attention.

Depuis plusieurs jours, nous voyons l'influence de nos pensées et le pouvoir de notre cerveau sur nos vies. Mais saviez-vous que vous êtes en partie responsable de vos croyances ? Votre cerveau pour vous conforter, va **chercher des preuves pour confirmer que vous avez raison**. Ainsi, si vous pensez que vous n'avez pas confiance en vous, votre cerveau va se focaliser sur cette croyance et vous ne verrez plus que vos faiblesses. Un peu comme si vous aviez une paire de lunettes grossissantes. J'ai encore une bonne nouvelle pour vous...votre identité et **vos croyances ne sont pas figées. Si vous pouvez créer une croyance, vous pouvez aussi la détruire.** Nous le verrons dans le témoignage de Julie, l'impossible est toujours possible !

 C'est parce que vous perdez tellement de temps et d'énergie à cacher au monde l'image négative que vous avez de vous-même, que vous ne vivez pas la vie de vos rêves...

Je vous propose de suivre ces 3 étapes pour vous libérer de vos croyances : **La première étape** consiste à remonter à **la source** de vos croyances. Imaginons que vous êtes persuadé que vous êtes incapable de parler anglais. Vous devez comprendre comment **cette croyance a pris racine en vous**. Avez-vous eu un professeur tyrannique ? Vos parents vous ont-ils dit que vous ne pourriez pas réussir ? Vos amis vous ont-ils fait douter de vous ?

La seconde étape va vous permettre de **briser votre croyance**. Vous devez réaliser que, ce que vous vous êtes mis dans la tête, n'est pas immuable. **Il ne s'agit pas d'une vérité absolue.** Pour cela, trouvez des exemples qui réfutent la règle dans laquelle vous vous êtes emprisonné. Si vous imaginez que vous n'êtes pas capable de gravir l'Everest. Que pensez-vous du fait qu'Erick Weihenmayer ait pu défier cette croyance et être le premier aveugle à atteindre ce sommet ?

La dernière étape est de prendre **des mesures positives** pour vous donner la preuve que votre ancienne croyance peut disparaître. L'exercice du jour va vous permettre de vous libérer de vos chaînes !

J'exploite mon potentiel illimité

1- J'identifie mes croyances limitantes.

Prenez le temps d'identifier vos croyances limitantes. Indiquez les freins, les limites que ces croyances ont pu avoir dans votre vie.

- **Mes croyances limitantes** : a) Je ne sais pas m'affirmer. b) Je ne suis pas à la hauteur. c) Je ne sais pas parler anglais. d) Pour réussir il faut avoir des diplômes…

- **Mes freins, mes limites** : a) J'ai peur de ne pas être apprécié. b) Je n'ose pas demander de l'aide. c) Je ne prends jamais de risques...

2- J'analyse mes croyances et je formule "la preuve du contraire".

Sélectionnez celles qui sont les plus paralysantes dans votre vie. Ensuite pour chacune d'entre elles, notez leurs origines : À quelle date cette croyance est apparue dans votre vie ? Quelle personne vous a fait une remarque qui s'est transformée en croyance négative ?
Enfin, trouvez des exemples qui démontrent le contraire et qui prouvent que cette idée est sans fondement.

Témoignage de Julie :

- **Description croyance** : Je ne sais pas m'affirmer. J'ai peur de dire non à mon chef et j'accepte toujours ce qu'il me demande.

- **Origine – contexte** : J'ai été élevé dans une famille très stricte où je n'avais pas mon mot à dire. Je devais obéir.

- **Preuve du contraire** : Je suis capable de m'affirmer avec mes amis et mes collègues de mon club de sport. J'ai été élu capitaine de mon équipe de Hand-ball, car je sais prendre des décisions et mener mon équipe vers la réussite. Il faut que j'arrête d'avoir peur de l'autorité. Mon chef n'a pas tous les pouvoirs. Je dois être capable de lui dire non, sans me sentir coupable.

3- Réécrivez l'histoire avec des croyances motivantes.

Reprenez vos croyances limitantes. Rédigez pour chacune d'entre elles, une croyance motivante et une preuve positive.

- **Croyance limitante** : Je ne sais pas m'affirmer.

- **Croyance motivante** : Si je suis capable de m'affirmer dans ma sphère personnelle, je dois pouvoir le faire dans ma sphère professionnelle !

- **Preuve positive** : Je vais me respecter dès aujourd'hui et ne plus me laisser impressionner. Je vais oser dire ce que je pense à mon chef et à mes collègues, comme je le ferais avec mes amis.

Il est important de savoir que la majorité de nos croyances proviennent de **la peur du rejet et de la peur de l'échec**. C'est pourquoi, je vais vous demander demain d'être en forme, car nous allons monter d'un cran et nous attaquer à vos peurs.

C'EST BIEN SOUVENT EN ALLANT AU FOND DE SOI QU'ON REFAIT SURFACE.

- JÉRÔME TOUZALIN

Se libérer enfin de ses peurs

La peur est une **réponse naturelle** au monde qui nous entoure. Notre cerveau utilise le sentiment de peur, pour nous protéger du monde extérieur et nous avertir d'un **hypothétique** danger. J'insiste bien sur le mot hypothétique ! Cela devient un véritable problème lorsque nos peurs nous bloquent ou nous paralysent.

Vous envisagez peut-être de changer de métier, mais vous craignez de ne pas y arriver, et plus le temps passe, plus vous êtes anxieux à l'idée de sauter le pas. Vous arrivez à un stade où **vos peurs, sont plus fortes que vos désirs** et vous déclarez forfait, avant même d'avoir essayé. Ne vous inquiétez pas outre mesure, je suis toujours à vos côtés pour vous aider.

Nos peurs sont des marqueurs que notre cerveau utilise pour réagir. Nous n'allons pas nous libérer de nos peurs en une séance, mais nous pouvons les transformer, dès aujourd'hui. Pour cela, vous allez devoir faire preuve de courage.
On m'a toujours dit que le courage n'était pas l'absence de peur, mais la volonté de la dépasser. Alors, êtes-vous prêt pour le grand saut ?

Mythe ou Réalité

Je vous propose de démarrer notre séance du jour, par le mythe de la caverne de Platon. Lisez attentivement ce texte, car il illustre comment votre esprit fabrique des images, des représentations internes. Vous créez à travers elles, votre propre réalité et voyez le monde à travers votre propre prisme. Mais qu'en est-il vraiment ? Comment vos peurs déforment-elles la réalité ?

La caverne

"Imaginez une caverne dans laquelle se trouvent 3 prisonniers. Ils sont ici depuis leur plus jeune âge et n'ont jamais vu l'extérieur de la grotte.
Ils sont enchaînés et ne peuvent distinguer de leur place, que les ombres et les voix de leurs ravisseurs. Ils ne connaissent rien d'autre. Ils vivent dans un monde qu'ils prennent pour la réalité.

L'évasion

Un jour, un des prisonniers se délivre de ses chaînes et voit pour la première fois la lumière du jour. D'abord aveuglé, il découvre peu à peu, un nouveau monde. Ses yeux s'habituent au soleil. Il est émerveillé par ce qui l'entoure. Il se rend compte que son ancienne vision du monde était fausse.

Le retour

Il retourne dans la grotte pour informer les autres prisonniers de ses découvertes. Il tente de leur expliquer que leur réalité n'est qu'une illusion mais ils ne le croient pas et menacent de le tuer s'il tente de les libérer."

À retenir

Que signifie ce mythe ? Nous sommes tous prisonniers dans une caverne. Nous sommes esclaves de notre éducation mais surtout de nous-même. Nous préférons souvent rester au chaud dans notre grotte, dans notre cocon, car il nous rassure. L'inconnu nous fait peur et il faut faire preuve de beaucoup de courage, pour affronter le monde extérieur. Mais je vous rappelle que vous êtes LIBRE, libre de penser par vous-même, libre de changer, libre de faire de nouveaux choix et de vivre pleinement votre vie. Je vous laisse méditer sur ce mythe...

COMPRENDRE
la spirale de la peur

Il est souvent difficile de comprendre comment nos peurs nous paralysent dans la vie quotidienne. À travers ce schéma, je désire vous montrer que vos peurs sont à l'origine de votre immobilisme, de votre manque de confiance en vous et par capillarité, de vos échecs.

Nous allons voir aujourd'hui, comment sortir de cette spirale "infernale" et enfin passer à l'action.

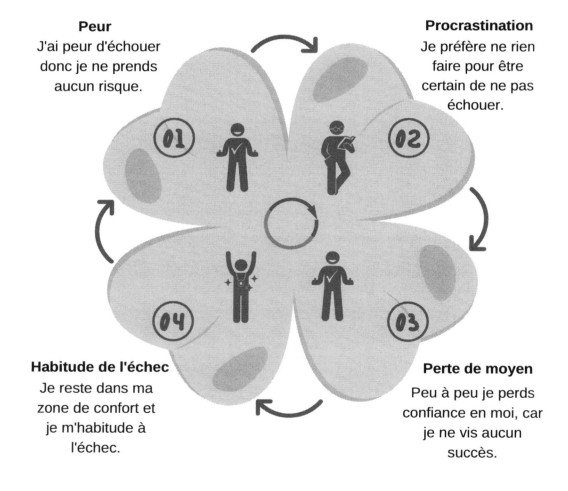

Peur
J'ai peur d'échouer donc je ne prends aucun risque.

Procrastination
Je préfère ne rien faire pour être certain de ne pas échouer.

Habitude de l'échec
Je reste dans ma zone de confort et je m'habitude à l'échec.

Perte de moyen
Peu à peu je perds confiance en moi, car je ne vis aucun succès.

LE CONSEIL
du jour

La première étape pour vous libérer de vos peurs est **de passer à l'action**. Rappelez-vous la chenille qui affronte les dangers avant de devenir un papillon. **Arrêtez de vous cacher et affrontez la vie !**

Lors de mes coachings, j'illustre la peur avec deux métaphores :

- **La première** explique comment la peur nous pétrifie. "Imaginez que **votre esprit** est **une maison** et **vos peurs** sont **des invitées**. Nos peurs sont des invitées **désagréables et turbulentes**, qui sont capables de dégrader votre maison, si vous les laissez faire. Une personne qui ne gère pas ses peurs et se laisse envahir sans agir, est comme une maison abandonnée, où des squatteurs peuvent rester pendant une durée indéterminée."

- La seconde est un **mythe amérindien** qui démontre que nous avons un choix à faire. "Imaginez que vous avez 2 loups à nourrir. Le loup de la peur et le loup de l'amour. Celui qui devient le plus fort et qui gagne toujours, est **celui que vous décidez de nourrir chaque jour**".

Prenez quelques instants pour y réfléchir !

SECRET DE RÉUSSITE N°6

Rêvez grand ! Prenez des risques.
Seuls les aventuriers ont découvert de nouveaux territoires...

La peur est une des émotions les plus anciennes du monde animal et sa principale fonction est de vous protéger, pourtant la plupart de vos peurs, n'ont aucune raison d'être. Elles ne sont que **des projections mentales qui n'existent que dans votre esprit**. Vous formulez l'hypothèse que quelque chose pourrait arriver. **Et dans 95% des cas, rien ne se passe**, à part le film qui se déroule dans votre tête.

N'avez-vous jamais constaté que lorsque vous avez peur, vous repassez en boucle des scénarios terrifiants, mais qu'au final rien ne se passe comme vous l'aviez prévu ? Vous vous êtes laissé dominer par des émotions négatives. Et par conséquent, vous avez envoyé des messages alarmistes à votre cerveau, générant **une montée de stress et une inertie**.

Nous savons aujourd'hui que le cerveau se programme par l'intermédiaire de nos pensées. Mais le problème, c'est qu'**il ne sait pas faire la distinction entre vos pensées et la réalité**. Il croit toutes les informations que vous lui transmettez. Ainsi, si vous lui envoyez un message négatif, alimenté par des pensées inquiétantes, votre cerveau **évalue les risques et adopte 3 réflexes instinctifs face au danger : la fuite, la lutte ou l'immobilisme.** Un jour, lors d'un de mes séminaires, un participant me demande : "Comment se fait-il que nous restons immobiles alors que nous savons que nous devons agir ?" Pour répondre à sa question, je lui dis : "Nous pratiquons la politique de l'autruche, tant que nous n'avons pas compris, que nos craintes peuvent être traitées".
Alors **comment les apprivoiser** ? Quand nous sommes malades, nous allons voir un médecin. Après avoir fait un audit de nos symptômes, il nous prescrit un traitement. Nous acceptons de prendre des médicaments pour nous soigner. Mais le médecin nous rappelle de changer nos habitudes pour rester en bonne santé et **prévenir** la maladie.

> 66 *La peur n'évite pas le danger, le courage non plus. Mais la peur rend faible et le courage rend fort ! - Misha Defoseca.*

Pour apprivoiser vos peurs, c'est la même chose. Vous devez suivre les mêmes étapes : **Diagnostic, traitement, et mise en place de nouvelles habitudes**.
Vous allez découvrir 6 pistes pour surmonter vos peurs dans l'exercice suivant. Mais avant de poser votre diagnostic, j'aimerais vous parler de mon enfance. J'étais une petite fille timide et très émotive. Ma grand-mère Jackie était mon opposé à l'époque. Je vous avoue que je ne pensais jamais pouvoir lui ressembler un jour. Elle m'a aidé très jeune à travailler sur mes peurs. En la regardant vivre, j'ai réalisé que si je voulais être heureuse, je devais prendre des risques. Aujourd'hui encore dès qu'une situation me freine, je repense à ses paroles : "Chantal, rien n'est grave à part la mort. Tu dois toujours prendre de la hauteur, car **tu es plus forte que tes problèmes et plus grande que tes peurs**." Ces paroles sont riches d'enseignements car **tout dépend de l'angle que vous allez choisir**. Comment souhaitez-vous vivre votre vie ? Préférez-vous rester dans l'ombre de votre caverne ou vous exposer à la lumière du jour ? Si vous décidez d'affronter vos peurs, rien, ni personne ne pourra vous arrêter. Vous allez sortir de la prison mentale dans laquelle vous vous êtes enfermé, pour **enfin devenir LIBRE.**

Exercice 06

Même pas peur !

Aujourd'hui, je vous ai concocté un exercice qui va vous permettre de maîtriser vos peurs. Pour commencer, faites la liste de toutes vos peurs. Prenez le temps de la réflexion car ce travail est déterminant pour la suite de votre vie. Suivez ensuite ces **6 étapes** :

01 Respiration

La première étape pour reprendre le contrôle de vos pensées est de respirer. La respiration permet d'oxygéner votre cerveau et vous ramène au moment présent. Ne négligez pas cette étape, elle est essentielle.

02 Observation

Comment se manifestent vos peurs ? Quelles sont les conséquences ? Rappelez-vous : "Vous n'êtes pas vos pensées, vous n'êtes pas vos émotions. Elles n'ont pas le pouvoir de vous définir".

03 Prise de recul

Prenez du recul. Demandez-vous : "Est-ce que mes peurs se sont déjà matérialisées ? Quelle est la pire chose qui pourrait m'arriver ?" En réalisant que **rien de mortel** ne peut se produire, vous allez mettre les choses en perspective.

04 Fréquence

En réalisant que vos peurs ne sont que **des hypothèses et des illusions**, vous allez pouvoir vous apaiser et reprendre le contrôle de votre mental, en changeant de fréquence.

05 Diversion

Si le sentiment de peur est toujours présent, il faut stopper net vos pensées et faire diversion dans votre esprit. Choisissez une image relaxante que vous utiliserez dès les premiers symptômes. Exemple : "Vous courez sur la plage devant un coucher de soleil."

06 Gratitude

La clé du bonheur est entre vos mains. Soyez reconnaissant de tout ce que avez la chance d'avoir : "une famille, un conjoint, un travail, des amis... Remerciez la vie pour tous ces précieux cadeaux.

**ON A DEUX VIES.
LA DEUXIÈME COMMENCE
LORSQU'ON RÉALISE
QU'ON EN A QU'UNE.**

- CONFUCIUS

Vous êtes sur la bonne voie

Je tiens à **vous féliciter** car nous venons d'achever le premier chapitre de notre programme ! Vous avez réalisé de nombreux progrès et disposez de nouvelles connaissances personnelles.

Vous pouvez à présent définir ce que vous voulez vraiment, reprogrammer votre cerveau, apaiser vos doutes et choisir de vous concentrer sur des pensées positives. Vous êtes en route sur **le chemin de la transformation** et vous savez comment apprivoiser vos croyances et vos peurs ...

Vous avez découvert **des solutions concrètes** pour faire les bons choix et vivre en alignement avec vos envies.
Vous avez renforcé vos connaissances pendant ces 7 derniers jours. J'espère que vous avez pris plaisir à réaliser les exercices associés et que vous êtes prêt à travailler sans relâche, pour atteindre vos objectifs.

Secret n°7 : Pour réussir, vous devez **acceptez** vos faiblesses, **dépassez** vos peurs, **vous améliorer** en permanence et **vous entrainer** comme un champion, jusqu'à la victoire !

Kit de survie

Après l'euphorie des premiers jours, il se peut que vous « flanchiez » car votre agenda est surbooké ou que vous vous êtes réveillé du pied gauche… Bref toutes les excuses seront bonnes pour vous prélasser et remettre votre coaching à plus tard…. Prenons l'exemple d'un régime, au début nous perdons du poids car nous sommes très motivés mais, un jour, un magnifique éclair au chocolat, nous fait un clin d'œil dans la vitrine d'une boulangerie, et toute notre bonne volonté est réduite à néant… L'avantage c'est que dans notre cas, les écarts de conduite ne remettent pas en jeu tout votre travail. Donc, si vous ne pouvez pas suivre votre séance, rassurez-vous et **considérez le temps comme votre allié**. Il sera toujours temps de vous rattraper, en vous retroussant les manches, le lendemain.

Ne l'oubliez pas, pour réussir il faut s'entraîner tous les jours, pour vous rapprocher de votre objectif. Concentrez-vous sur les exercices car ils sont **le sésame de votre succès**. Même si vous éprouvez quelques difficultés à les réaliser, prenez soin de noter vos idées principales. Vous pourrez y revenir tout au long de ce programme, à votre convenance. Mais surtout poursuivez vos efforts car je peux vous affirmer qu'ils seront récompensés. **Chaque pas**, vous rapprochera de la vie que vous désirez vivre. Si le rythme d'une séance par jour vous semble difficile, car vous ne trouvez pas le temps ou l'énergie pour vous y consacrer, permettez-moi de vous rappeler que nous disposons tous, de **1440 minutes**, dans une journée. Vous avez le temps de consulter les réseaux sociaux, de regarder une série sur Netflix, alors je pense que vous pouvez trouver 20 minutes dans votre journée pour capitaliser et travailler sur votre bonheur. J'ai conçu cette méthode pour les personnes pressées qui désirent obtenir des résultats, en un minimum de temps. C'est pourquoi vous pouvez commencer par lire la théorie le matin, et faire les exercices le soir par exemple. Je vous rappelle, que **vous êtes aujourd'hui en train d'investir sur vous, sur votre avenir**. Le travail que vous faites en ma compagnie, vous le faites pour vous, pour votre développement et pour votre épanouissement. Et il n'est pas question de vous laisser sur le bord du chemin, c'est pourquoi je vous encourage à créer un kit de survie !

Votre **"kit de survie"**, comme son nom l'indique a pour vocation de vous aider à retrouver votre motivation en cas de découragement. Pour ce faire, notez dans votre journal, tous les bénéfices que votre nouvelle vie va vous offrir. Vous pouvez également ajouter à votre "kit anti-craquage", des citations, des photos qui vous permettront de mettre en lumière, la personne que vous êtes en train de devenir.

CONSEIL DE VOTRE *Coach*

En ce jour de bilan, je vous invite à conclure un contrat avec vous-même. Vous devez vous engager à mettre en place les actions nécessaires à la réussite de vos projets. Notez dans votre carnet, une phrase qui vous engage à avancer.

Par exemple : "Moi Clara, je m'engage à poursuivre mes efforts et devenir la femme indépendante que j'ai toujours rêvé d'être. Je vais chercher un poste à la hauteur de mes ambitions"....

N'oubliez pas que ce programme ne dure que 21 jours, mais les effets quant à eux, seront présents le restant de votre vie. Vous l'avez compris cette journée de bilan est particulièrement importante car vous posez les jalons de votre évolution.

Voici une petite histoire : "Un jour, j'ai eu l'occasion de coacher un athlète qui avait besoin de faire le point sur sa carrière, avant d'entamer un programme de reconversion à la TV. Admirative de son parcours, je lui ai demandé de me confier les clés de sa réussite. Voici ce qu'il m'a répondu. Il faut :

- Avoir un but : si vous savez clairement où vous allez, vous atteindrez votre destination.
- Ne pas se trouver d'excuse et rester motivé malgré les difficultés.
- Être assidu : qu'il neige ou qu'il vente, il faut se lever tôt et s'entrainer à devenir meilleur.
- Faire confiance à son entraîneur, car il est là pour vous aider.

Cette rencontre a marqué un tournant dans mon métier de coach, car j'ai décidé de compiler toutes les recettes, les secrets qui conduisent au succès. Je vous livre aujourd'hui le résultat des interviews que j'ai mené pendant plus de 15 ans. Retenez bien les concepts suivants car ils illustrent la différence entre ceux qui réussissent à changer leur vie et ceux qui échouent.

À retenir

CEUX QUI RÉUSSISSENT	CEUX QUI ÉCHOUENT

Ils savent ce qui les rend heureux.
Ils ont défini leurs attentes et
savent ce qui les anime.

Ils ne savent pas ce qu'ils veulent.
Ils n'ont aucune idée de ce qu'ils
souhaitent faire de leur vie.

Ils contrôlent leur mental.
Ils se conditionnent pour réussir,
maîtrisent leurs pensées, leurs émotions.

Ils sont esclaves de leurs pensées.
Ils sont submergés par des pensées
et des émotions négatives.

Ils se focalisent sur le positif.
Ils sont optimistes et envisagent
l'avenir avec sérénité.

Ils sont pessimistes.
Ils vivent dans une spirale négative.
Ils voient les problèmes partout.

Ils se sentent libérés.
Ils ne sont plus limités par
leurs croyances.

Ils sont prisonniers de leurs chaînes.
Ils n'arrivent pas à passer à l'action
et restent dans l'immobilisme.

Ils dominent leurs peurs.
Ils affrontent leurs peurs et
surmontent les obstacles.

Ils sont stressés, anxieux.
Ils doutent en permanence et
sont dominés par leurs craintes.

Exercice 07

C'est l'heure du bilan

Gardez à l'esprit, chaque matin, que **vous êtes face à un choix CAPITAL : "Choisir de ne rien faire ou vous résoudre à réussir"**. C'est vous, et vous seul, qui disposez de toutes les cartes pour construire votre avenir.

Dans cette dynamique de succès, je vous invite à faire le point sur votre progression et à mettre en place les stratégies nécessaires à la réalisation de vos projets. À vous de jouer !

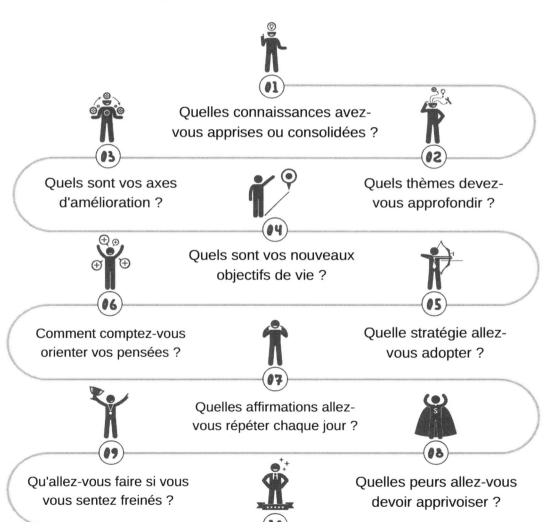

01 Quelles connaissances avez-vous apprises ou consolidées ?

02 Quels thèmes devez-vous approfondir ?

03 Quels sont vos axes d'amélioration ?

04 Quels sont vos nouveaux objectifs de vie ?

05 Quelle stratégie allez-vous adopter ?

06 Comment comptez-vous orienter vos pensées ?

07 Quelles affirmations allez-vous répéter chaque jour ?

08 Quelles peurs allez-vous devoir apprivoiser ?

09 Qu'allez-vous faire si vous vous sentez freinés ?

10 Quels bénéfices allez-vous en tirer ?

Mon plan d'action

Pour clôturer notre semaine, je vous conseille de créer un plan d'action. Définissez **3 objectifs prioritaires** à mettre en place dans les jours à venir. Cette étape est essentielle et doit retenir toute votre attention, car **c'est dans l'action que vous allez vous rapprocher de vos buts**.

OBJECTIF 01

LISTE DES TÂCHES

- ⬛ ....
- ⬛ ....
- ⬛ ....

OBJECTIF 02

LISTE DES TÂCHES

- ⬛ ....
- ⬛ ....
- ⬛ ....

OBJECTIF 03

LISTE DES TÂCHES

- ⬛ ....
- ⬛ ....
- ⬛ ....

Rebooster
sa confiance
en soi

—— ÉTAPE 2 : ÉVOLUTION ——

Confiant le restant de votre vie

De nombreux experts et psychologues ont travaillé sur le thème de la confiance en soi. Grâce à leurs études, nous savons aujourd'hui qu'elle est le **facteur prédominant de toute réussite**.

La confiance en soi, n'est pas innée, elle se cultive, se renforce grâce à des exercices pratiques que nous allons aborder ensemble cette semaine.

Nous allons explorer **chacune de ses facettes** à savoir **l'estime, l'image, l'affirmation** et **l'acceptation de soi** pour faire jaillir **votre trésor intérieur**.

Avoir confiance en soi, c'est **croire en votre propre jugement, en votre potentiel et en vos capacités**. C'est vous apprécier tel que vous êtes, quelles que soient vos imperfections. C'est ignorer le regard et le jugement des autres. **C'est cultiver une force incroyable**...qui vous rendra puissant et combatif face aux épreuves de la vie.

Vous êtes une personne unique avec de nombreuses qualités mais comme tout le monde, vous êtes imparfait. Et ce n'est absolument pas grave. Qui peut prétendre à la perfection ? Personne.

Beaucoup d'individus considèrent la confiance en soi, **comme un graal**, un sésame... mais, elle est à la portée de chacun d'entre nous.

Il suffit simplement de prendre conscience de votre valeur, d'apprendre à vous connaitre réellement et de vous accepter tel que vous êtes, sans filtre.

Alors comment éviter certains comportements auto-destructeurs ?

Comment arrêter de se dévaloriser ? Comment exprimer ses opinions ?

Comment se sentir bien dans sa peau ? Comment s'aimer pleinement ?

En suivant les conseils de la semaine, vous allez faire partie des personnes sûres d'elles. Vous allez enfin :

- Être libre d'être vous-même. Vous révéler et rayonner au quotidien.
- Apprendre à vous valoriser.
- Vous considérer comme la personne la plus précieuse au monde.
- Accepter vos petits défauts et vous focaliser sur l'essentiel : vos forces.
- Vous autoriser à prendre votre place dans ce monde.
- Apprendre à vous aimer "à la folie" et prendre soin de vous.
- Voir l'échec comme une étape nécessaire qui vous rapproche du succès.
- Avoir le courage de dire non.
- Relativiser les critiques car elles n'auront plus d'impact sur vous.
- Être reconnaissant et faire preuve de gratitude. Célébrer vos victoires.

Vaste programme n'est-ce pas ? Alors ne tardons plus, votre liberté vous attend !

"

VOUS N'ÊTES PAS NÉ

POUR PLAIRE...

MAIS POUR VIVRE

UNE VIE QUI VOUS PLAIT !

Évaluer votre capital confiance

Avoir confiance en soi est l'**ingrédient essentiel** d'une vie heureuse, équilibrée et épanouie.

Lors d'un changement de vie, nous devons faire face à de **nombreux bouleversements** et **prendre des risques** pour mener à bien nos projets. Aussi, en redorant votre confiance en vous, vous vous sentirez plein d'assurance et vous serez à l'aise pour prendre les bonnes décisions concernant votre avenir.

Elle vous servira de **déclencheur** pour **sortir de votre zone de confort** au moment opportun et **entrer dans une phase d'attaque**. Elle va devenir un **indicateur clé de la réussite** de votre vie.

Il ne faut pas sous-estimer son importance dans un changement de cap. Plus **votre indice de confiance** sera élevé, plus vous saisirez les opportunités qui s'offriront à vous. Vous serez enjoué et **prêt à relever de nombreux défis**.

Quoi que vous décidiez changer, vous y arriverez, **si et seulement si**, vous avez pleinement confiance en vous et en votre potentiel.

Votre niveau de confiance

Je vous l'accorde, il n'est pas toujours facile d'avoir confiance en soi, surtout si vous êtes naturellement autocritique ou si vous évoluez avec des personnes qui vous jugent et vous rabaissent au quotidien. Le manque de confiance peut alors devenir un frein à votre réussite personnelle et professionnelle. Afin de faire le point sur le **baromètre de votre confiance**, je vous invite à valider les phrases qui vous correspondent le plus...

Je me sens très souvent positif et de bonne humeur.

Je gère les nouvelles situations avec entrain.

Je fais ce qui me semble juste et non ce que l'on attend de moi.

J'atteins facilement mes objectifs.

Je relativise. Je rebondis facilement après un échec.

J'adore relever de nouveaux challenges.

Quand une chose me déplaît, je le dis.

Je reste motivé et je persévère jusqu'à réussir mes projets.

Je n'ai pas peur de prendre des risques.

Je sais que je suis capable de soulever des montagnes.

Quand je ne comprends pas quelque chose, je demande des explications.

Je n'hésite pas à aller retourner un article qui ne me plaît pas.

Je sollicite l'aide de mon entourage sans ressentir de la gêne.

Je suis capable de dire non, sans me justifier.

Je ne vais pas vous proposer de décrypter ce test comme le font les magazines de mode. Vous l'avez compris, plus vous avez validé d'affirmations, plus votre confiance en vous, est forte, et inversement...

L'ÉCHELLE DU MANQUE
de confiance en soi

Comment le manque de confiance peut-il perturber notre équilibre intérieur ?
Comment nous empêche-t-il d'être heureux ?
Pour comprendre son influence sur notre épanouissement et notre bien-être personnel, je vous propose d'analyser cette échelle.

Vous êtes incapable de vous affirmer.
Vous ne vous sentez pas à la hauteur et vous n'arrivez pas à exprimer vos opinions. Vous avez trop peur de déplaire ou d'être rejeté si vous donnez votre point de vue. Vous préférez suivre les autres plutôt que d'être vous.

Vous vous sentez obligé de vous justifier en permanence.
Vous êtes tellement mal dans votre peau que vous avez besoin de vous justifier pour tous vos actes. Que vous fassiez quelque chose de bien ou de mal, vous vous sentez obligé d'expliquer la situation.

Vous ne vivez pas pleinement votre vie.
Vous n'osez pas agir car vous avez peur du regard et du jugement des autres. Vous essayez d'éviter qu'on vous remarque par peur de moqueries et vous passez à côté de belles opportunités.

Vous n'êtes pas à l'aise avec le succès.
Comme vous vous dépréciez constamment, vous pensez que vous ne méritez pas de réussir. Vous ne vous donnez aucune chance d'être reconnu pour vos capacités et vos atouts.

Vous êtes inquiet, vous stagnez et végétez.
L'anxiété vous dévore. les défis quotidiens sont une source d'inquiétude. Vous n'arrivez pas à avancer. Vous n'arrêtez pas de ruminer des idées noires et vous stressez en permanence.

Vous n'êtes jamais satisfait de vous-même.
Vous passez votre temps à vous rabaisser et à vous plaindre de vos résultats. Vous pensez que vous n'êtes pas capable de réussir et vous voyez toujours le verre à moitié vide.

LE CONSEIL *du jour*

Relisez les 2 séances sur les peurs et les croyances. Si vous manquez de confiance en vous, **essayez de remonter à la source**. Depuis quand en souffrez-vous ? Comment se manifeste votre manque de confiance ? Je vous laisse mener l'enquête !

CONFIANCE EN SOI
et comportement

Pour compléter le schéma précédent, voici un tableau qui souligne la différence de comportement, entre une personne confiante et une qui ne l'est pas. Lors de votre lecture, demandez-vous :
"Est-ce que je me reconnais dans certaines situations ? Est-ce qu'elles me sont familières ? Dois-je renforcer ma confiance en moi ?"

Forte Confiance en soi	*Faible* Confiance en soi
Prendre des risques au quotidien et passer à l'action pour dépasser ses objectifs.	Craindre l'échec. Rester dans sa zone de confort. Éviter toute prise de risque pour ne pas échouer.
Avoir un tempérament de gagnant et voir l'échec comme une source d'apprentissage.	Se dévaloriser et essayer de dissimuler ses erreurs sans en tirer profit.
Puiser dans ses succès comme source de motivation. Se féliciter pour chaque victoire.	Se rabaisser et considérer que tout le monde aurait pu faire ce que vous avez réalisé.
Agir selon ses convictions. Ne pas être influencé par le regard des autres.	Avoir peur du regard des autres et ne pas oser faire des choses de peur d'être jugé.
Être force de proposition. S'affirmer face à son chef, ses collègues, ses proches...	Ne pas oser s'affirmer et préférer le silence. Avoir peur d'être critiqué en permanence.
Faire ce qu'il vous plait. Être l'acteur de sa vie, faire ses propres choix, et avancer en toute confiance.	Vivre une vie terne et sans saveur. Suivre les choix des autres, accepter des situations désagréables.

Le socle de la confiance en soi

La confiance en soi vient d'un **sentiment de bien-être**, de **l'acceptation de votre corps et de votre esprit** (votre estime de soi) et **de la croyance en vos propres capacités**. Un manque de confiance en soi, peut donc limiter votre champ de possibilités et votre liberté d'action.

Pour bien comprendre son origine, il faut savoir que la confiance est le résultat de la façon dont nous avons été élevés et de la façon dont nous avons appris et compris les enseignements de la vie. Nous apprenons des autres **comment penser, interagir et nous comporter** face à certaines situations. Ces leçons affectent alors, ce que nous croyons de nous-même.

SECRET DE RÉUSSITE N°8

Avoir confiance en soi, **c'est avoir réussi**,
avant même d'avoir commencé à agir !

Je compare souvent la confiance en soi à **un compte en banque**. Plus vous vivez d'expériences positives, plus vous capitalisez et votre confiance se renforce. Malheureusement, dès lors que vous vivez des expériences négatives, vous pouvez perdre confiance, **votre capital s'amenuise** et vous frôlez la banqueroute ! Mais je tiens à vous rassurer, il est possible de rompre ce cercle vicieux et de transformer vos échecs en forces.

C'est pourquoi nous allons travailler pendant 7 jours, sur votre confiance, votre image et votre estime de vous.

Témoignage d'Audrey

Quand je rencontre Audrey, elle est à un carrefour de sa vie.
Après une carrière florissante dans la publicité, elle s'est consacrée exclusivement à ses 3 enfants, pendant plus de 10 ans. À l'aube de la quarantaine, elle est en pleine remise en question.

Lors de notre premier entretien, elle me dit : "Je dois impérativement reprendre le travail de peur, de ne plus jamais, m'en sentir capable. D'ailleurs, je ne sais même pas si je vais y arriver. En passant toutes ces années loin du bureau, j'ai totalement perdu confiance en moi. Je me sens stressée et tout me paraît insurmontable. J'ai peur de passer un entretien d'embauche et encore plus de reprendre une activité."

Avant même qu'elle poursuive, je l'interroge : "Avez-vous pensé à écrire un film d'horreur ? Vous avez de la chance car vous avez déjà le scénario et l'actrice principale !" Comme ma voix est douce et bienveillante, Audrey esquisse un sourire, puis se met à rire... Mon premier objectif était atteint ! Je voulais qu'elle prenne conscience de **son erreur de jugement**.

Son discours est **le reflet de son état émotionnel**. Audrey est paralysée par ses peurs. Elle est dans une spirale d'auto-sabotage et n'envisage même plus de réussir.
Pour qu'elle reprenne peu à peu confiance en elle, nous avons travaillé sur ses grandes réussites personnelles et professionnelles.
Je l'ai amené à réaliser que son expérience de femme au foyer était un **capital précieux**, une expérience positive qu'elle devait valoriser auprès de son futur employeur. En effet, être mère renforce notre aptitude à anticiper, à gérer des problématiques, à être responsable et bien plus encore.

Comme Audrey a travaillé comme publicitaire, je lui propose de se mettre en scène et de réaliser un jeu de rôle :
"Nous allons nous inspirer de votre présentation pour créer une publicité. Vous devez imaginer le décor et décrire la protagoniste sans vous intéresser au scénario, pour le moment."

Voici son retour : "Je vois un décor triste. Le ciel est gris. Une femme semble affaiblie. Elle marche sans trop savoir où aller."
Je lui dis : "C'est parfait. À présent, imaginez le scénario complet de la pub (l'objectif, l'offre, l'appel à l'action...)."

Après quelques minutes de réflexion, elle me dit qu'il serait judicieux de **trouver un antidote**, une formule pour résoudre son problème.
Elle imagine alors une fin heureuse. La femme prend une vitamine et ses soucis s'envolent comme par magie !

À l'issue de cet exercice, Audrey a compris qu'elle possédait en elle, **le pouvoir** de changer sa vie. Elle avait enfoui au fond d'elle-même toutes ses atouts et ses dons... mais il suffit juste de les re-mettre en lumière pour **faire rejaillir toute leur incandescence** !

À retenir

• Vous possédez des talents, des qualités, des forces qu'il faut impérativement mettre sur le devant de la scène. Capitalisez sur tout ce qui fait de vous, **un être extra-ordinaire**.

• Dites stop à la procrastination et passez à l'action. Personne ne viendra vous sauver, à part **vous-même**. Vous avez en vous **l'antidote** pour être heureux.

Notre vie devient plus simple, dès lors que nous décidons de nous reprendre en main, alors ne perdez plus une minute de plus. **Magnifiez votre personnalité** et illuminer votre destin dès aujourd'hui !

Je recharge mes batteries

Booster sa confiance en soi est **une discipline** à laquelle il faut se plier au quotidien. Vous prenez soin de votre corps en choisissant une alimentation saine et faites de l'exercice pour renforcer votre condition physique.

Ajouter une pincée de confiance en vous, chaque jour, est tout aussi **vital**. Voici un exercice qui permet de **recharger vos batteries** :

- Prenez quelques instants pour vous remémorer toutes **vos plus belles réalisations**. Listez absolument tous vos succès. Exemple : "J'ai réussi à demander une augmentation... J'ai eu mon diplôme d'infirmière."
- Choisissez 3 grandes réussites et décrivez-les en détail. Comment et pourquoi pensez-vous avoir réussi ? Existent-ils des points communs entre vos réussites ? Quels sont **vos facteurs clés de succès** ?
- Que ressentiez-vous à ces moments précis ? Étiez-vous fier, joyeux, fort, combatif, exalté ?
- Comment était votre posture ? Vos épaules étaient-elles droites ? Vos pieds étaient-ils ancrés dans le sol ? Quelle était votre allure générale ?
- Quels **encouragements ou félicitations** avez-vous reçus de la part de votre entourage ? Rappelez-vous les paroles, les mots tendres et réconfortants de vos proches. Que vous inspirent ces souvenirs ?

Pendant les 7 prochains jours, je vous encourage à relire vos notes tous les matins. Cela constituera **des ressources solides** sur lesquelles vous appuyer pour recharger vos batteries, en cas de besoin.

> ""
>
> ## LA CONFIANCE EN SOI
> ## **EST LE PREMIER SECRET**
> ## DU SUCCÈS.
>
> - RALPH ERMERSON

Reprendre confiance en vous

Selon une étude réalisée par le "Journal of personality" le niveau de confiance en soi, suit **la forme d'une courbe**, en forme de cloche.

En début de vie, la courbe s'envole. Elle atteint le sommet vers la quarantaine, pour redescendre progressivement avec l'âge. Mais malheureusement pour de nombreuses personnes, l'ascension n'a jamais lieu. Elles souffrent alors d'**un manque cruel de confiance**, qui ne fait qu'empirer au fil des années.

J'ai été confronté, pendant toute ma carrière à ce fléau des temps modernes. Le manque de confiance est un **véritable frein** à l'épanouissement. Il est la cause de grandes insatisfactions dans tous les domaines de vie, que ce soit au travail, dans les relations amoureuses ou sociales.

Aujourd'hui, je vous mets au défi de **redynamiser** votre confiance. Nous allons mettre **tout ce qui est en notre pouvoir**, pour la renforcer et la "muscler". Car comme un muscle peut prendre du volume, votre confiance peut en faire autant.

Les bienfaits de la confiance en soi sont tellement galvanisants que vous vous sentirez **pousser des ailes**. Tel un super-héros qui découvre ses nouveaux pouvoirs, vous allez survoler vos problèmes et vous vous sentirez **invincible**. Pourquoi ? Car **avoir confiance**, c'est SAVOIR et être CONVAINCU que vous allez réussir, TOUT ce que vous allez entreprendre.

L'auto-efficacité

Le psychologue Canadien Albert Bandura s'est intéressé au sentiment d'auto-efficacité personnelle. Selon lui, **si nous croyons fortement être capable de maîtriser une situation alors nous augmentons notre niveau de confiance**. Penchons-nous sur cette théorie qui est utile sur bien des aspects.

1. La spirale du succès

Selon Bandura, **plus vous rencontrez de succès, plus vous aurez de chances de réussir à l'avenir.**
Pour profiter de ce type d'expérience et **vivre cette spirale du succès**, vous devez travailler sur 3 facteurs : **la motivation, la ténacité et la détermination**. La motivation et la confiance en soi sont étroitement liées. Plus vous êtes confiant, plus vous êtes motivé à agir. Il faut ensuite faire preuve d'**auto-discipline**, être rigoureux et fournir des efforts réguliers pour garder le cap.

2. Réduisez votre niveau de stress

La pression liée à votre environnement peut prendre le dessus et polluer votre vie. **Savoir relativiser** va donc vous aider à renforcer votre confiance en vous. En effet, si vous pensez pouvoir gérer une situation délicate, cela va renforcer votre sentiment de puissance et vous redonner de l'énergie.

Nous disposons aujourd'hui de nombreuses méthodes pour nous recentrer et **réduire le stress**, comme la méditation, le yoga, la relaxation.
Quand vous ressentez monter en vous des sentiments négatifs et des pensées parasites, n'oubliez pas d'utiliser **les affirmations positives** :
"Je peux le faire... Je suis capable de réussir." (exercice de la séance n°2).
De nombreuses études ne cessent de venter leur efficacité et croyez-en mon expérience, si j'insiste c'est que cette pratique est très efficace.

3. Choisissez des modèles

Une partie intéressante de la théorie de l'auto-efficacité consiste à penser, que si vous voyez autour de vous, des personnes travailler dur et réussir, cela va vous motiver et renforcer votre confiance en vous.
Ainsi, vous allez vouloir appliquer les mêmes méthodes et vous serez convaincu que vous pouvez véritablement **obtenir un succès similaire**.
Il est donc important, autant que possible, de vous entourer de modèles, de mentors qui seront une source d'inspiration pour vous.

6 CONSEILS POUR
renforcer la confiance en soi

6 CONSEILS
Essentiels

Voici une piqure de rappel, des 6 conseils que nous avons abordés sur le thème de la confiance en soi.

Conseil 1

Cultivez l'optimisme.

Nous l'avons vu, la pensée positive peut être un moyen très puissant d'améliorer votre confiance. Si vous pensez que vous pouvez réaliser quelque chose, vous allez mettre tout en oeuvre pour y arriver. L'optimisme est la foi qui mène à la réussite.

Conseil 2

Pratiquez l'autocompassion.

L'autocompassion consiste à être bienveillant envers vous, même quand vous faites des erreurs ou que vous subissez un revers. Plutôt que de vous blâmer, parlez-vous comme à un ami. Acceptez-vous tel que vous êtes. Laissez-vous aller, riez de vous-même et tirez des leçons de vos expériences.

Conseil 3

Détachez-vous du jugement.

Arrêtez de vivre en fonction du regard des autres. Le jugement des autres ne doit avoir aucune incidence sur vous. Essayez de vous en détacher au maximum. Vous êtes libre et vous devez agir en fonction de vos envies.

Conseil 4

Célèbrez vos réussites.

Célébrer les petites victoires est un excellent moyen de gagner en confiance. Notez dans un cahier tout ce dont vous êtes fier et récompensez-vous avec un petit cadeau pour prendre conscience du chemin parcouru.

Conseil 5

Planifiez vos projets.

De nombreuses personnes ont peur de l'inconnu et du changement. Elles perdent alors confiance dès qu'une situation leur semble difficile. Dans ce cas, l'anticipation est utile. N'hésitez pas à prévoir un plan B (plan d'urgence) pour éviter de perdre vos moyens.

Conseil 6

Prenez de bonnes habitudes.

Pour développer un fort sentiment de confiance, il est judicieux de développer de bonnes habitudes. Essayez de concentrer votre énergie sur les choses qui sont bonnes pour vous, faites-en une routine agréable, facile à suivre au quotidien. *Nous aborderons ce thème la semaine prochaine.*

10 AFFIRMATIONS POUR
reprendre confiance en soi

Voici 10 affirmations positives que je vous encourage à répéter chaque jour. Vous pouvez modifier ces "mantras" pour qu'ils résonnent en vous.

01

02

03

01	02	03
Je suis unique et je rayonne. Je suis une personne extra-ordinaire.	Je m'autorise à prendre ma place et à exister de toutes mes forces.	J'ai tout ce qu'il faut pour être la personne la plus heureuse du monde.

07

06

05

04

07	06	05	04
Je suis libre d'être moi. Je peux faire ce que je veux.	Je crois en moi, en mes talents, en mes qualités.	Je suis fier de moi, de mes choix, de ma vie.	Je suis une personne importante dans ce monde.

08

09

10

08	09	10
Je m'aime à la folie. Je suis reconnaissant pour tout ce que j'ai.	Je suis inarrêtable. Je sais que mon futur sera merveilleux.	J'ai une féroce confiance en moi. Personne ne pourra me faire croire le contraire.

LE CONSEIL *du jour*

Quand vous prononcez ces phrases, vous devez les vivre et ressentir des sentiments de joie et de bien-être.
Vos intentions et vos émotions façonnent votre vie, ne l'oubliez pas !

À présent, permettez-moi de vous poser une question : "Pourriez-vous me citer une vingtaine de vos qualités ?" J'imagine votre désarroi. Vous vous dites certainement, que vous n'en avez pas autant. Mais vous faites erreur !

Lors de ma carrière, j'ai pu constater que les personnes qui souffrent d'un **manque de confiance chronique**, sont capables d'énoncer leurs défauts et leurs échecs avec une facilité déconcertante, mais qu'elles n'arrivent pas à parler de leurs qualités.

Martin Seligman et Christopher Peterson, pionniers de la psychologie positive, ont démontré que chaque personne possède **une combinaison de forces personnelles**, qui s'expriment à des degrés différents, en fonction de la situation vécue. Une fois mis en lumière, ces atouts peuvent être exploités et développés.

SECRET DE RÉUSSITE N°9

Efforcez-vous de déployer vos forces et
sublimez votre unicité.

Nos forces sont directement liées à notre niveau d'épanouissement. **Se focaliser sur ses forces est indispensable** pour renforcer son niveau de confiance. Ce travail vous permet de cultiver ce qu'il y a de meilleur en vous, de vous sentir plein d'espoir et reconnaissant pour toutes les qualités dont vous disposez. Je tiens à préciser qu'il existe une distinction entre nos forces et nos talents. Nos talents sont des aptitudes, alors que nos forces sont des qualités morales.

LES 24 FORCES
de Seligman et Peterson

6 VERTUS
dominantes

En 2004, Seligman et Peterson ont proposé un cadre de référence. Ils ont regroupé les **24 forces** des individus, en **6 vertus**. Ces forces favorisent notre confiance et nos sentiments de joie, de satisfaction.

Sagesse et connaissance

Forces cognitives qui favorisent l'acquisition et l'usage de la connaissance.

- Créativité, réalisation artistique, ingéniosité, originalité.
- Curiosité, exploration, découverte.
- Ouverture d'esprit, discernement, esprit d'analyse.
- Volonté d'acquisition de nouvelles connaissances, apprentissage.
- Sagesse, mise en perspective.

Courage

Forces émotionnelles qui impliquent l'exercice de la volonté pour atteindre nos buts, malgré les obstacles internes et externes.

- Courage, bravoure, combativité face aux difficultés.
- Persévérance, assiduité, goût de l'effort.
- Authenticité, honnêteté, sincérité, intégrité.
- Vitalité, enthousiasme, énergie, joie de vivre.

Humanité

Forces interpersonnelles consistant à tendre vers les autres et à les aider.

- Amour, capacité à aimer.
- Gentillesse, générosité, empathie.
- Intelligence sociale : capacité à comprendre les motivations et les émotions des autres.

Justice

Forces qui sont à la base d'une vie sociale harmonieuse.

- Esprit d'équipe.
- Équité, justice, impartialité.
- Leadership, capacité à encourager.

Tempérance

Forces qui protègent contre les excès.

- Pardon, capacité à accepter les défauts des autres.
- Modestie, humilité.
- Prudence, précaution.
- Maîtrise de soi, gestion de ses émotions.

Transcendance

Forces qui favorisent l'ouverture vers une dimension universelle et donnent un sens à la vie.

- Gratitude, optimisme, espoir.
- Humour, jovialité.
- Spiritualité, croire au sens de la vie.

La chasse au trésor

Dans cet exercice nous allons nous amuser et faire rejaillir ce qu'il y a de plus beau en vous. Vous êtes invité à participer à une chasse au trésor !

Vous allez puiser en vous, pour **déceler votre trésor intérieur**.
Parmi la liste des 24 forces précédentes, sélectionnez celles qui font de vous **une personne unique et précieuse**.

- Dans votre journal de bord, dressez la liste de toutes vos qualités. Êtes-vous honnête, curieux, dynamique, imaginatif, autonome, ambitieux, réfléchi, spontané, sensible, courageux, enthousiaste ?

- Classez-les par ordre d'importance.

- Regroupez-les selon les 6 vertus proposées par Seligman.

Identifier vos forces est utile, mais ce n'est pas suffisant. Pour qu'elles aient un impact sur votre évolution, vous devez **mettre en place une stratégie** pour **les exploiter** au quotidien. Prenez le temps de réfléchir à un plan d'action pour **mettre en lumière** les forces que vous possédez déjà et celles que vous désirez voir éclore.
Un trésor se doit de briller, vous ne pensez pas ?

Prenez un risque par jour.
Dépassez-vous !

POUR ÊTRE

IRREMPLAÇABLE

IL FAUT ÊTRE

DIFFERENT.

- COCO CHANEL

Redorer votre estime de vous

Ces 2 jours à renforcer votre confiance en vous, ont dû vous galvaniser. Vous devez d'ailleurs ressentir les prémices d'une amélioration.

Sachez que vous venez de poser une nouvelle brique à **votre forteresse**. Mais pour qu'elle ne s'écroule pas comme un château de cartes, il est judicieux de consolider les fondations, et protéger **votre bien le plus précieux**...à savoir, **vous-même** !

C'est précisément le sujet du jour, vous allez prendre conscience de **votre véritable valeur**. Nous allons allumer les projecteurs sur **votre estime de vous**, autrement dit, sur **la perception** que vous avez de vous-même.

L'estime de soi est l'élément central de **4 composantes** :

- **La confiance en soi**, comme nous l'avons vu, est notre capacité à croire en notre potentiel et en nos capacités.
- **L'image de soi** est la représentation mentale que nous nous faisons de nous-même.
- **L'affirmation** est notre aptitude à exprimer clairement, nos opinions aux autres.
- **L'acceptation de soi** est notre capacité à nous apprécier tel que nous sommes avec amour, bienveillance et sans jugement.

LES FONDATIONS DE
l'estime de soi

L'estime de soi est **la pierre angulaire** de ces 4 éléments. Très souvent, je rencontre des personnes qui ont confiance en elles mais qui ne s'estiment pas. Elles me disent qu'elles ont fait un travail de développement personnel... mais qu'elles ne sont pas satisfaites des résultats obtenus.

Et pour cause, s'il vous manque une pièce d'un puzzle, vous ne pouvez pas le terminer et encore moins crier victoire !

Confiance en soi
Vous sentir capable de relever des challenges.

Image de soi
La représentation que vous avez de vous-même.

L'estime de soi

Acceptation de soi
Vous apprécier avec vos qualités et vos défauts.

Affirmation de soi
Oser dire ce que vous pensez.

LE CONSEIL
du jour

Parmi ces 4 éléments, quels sont ceux que vous devez améliorer ? Notez dans votre journal les raisons de votre choix. **Le simple fait d'y réfléchir est une étape clé dans votre évolution**.

Les causes d'une faible estime de soi

Les personnes qui ont une faible estime, sont souvent critiques envers elle-mêmes. Elles ont du mal à prendre des risques et se remettent difficilement d'un échec. Elles vont tenter d'éviter les situations difficiles, car elles ne se sentent pas capable de les surmonter.

Comment savoir **si vous souffrez d'une faible estime** de vous-même ? Vous avez peut-être subi des expériences embarrassantes qui vous ont dévalorisé, comme par exemple :

- Être victime d'intimidation ou d'abus.
- Subir de la discrimination.
- Être affaibli par des problèmes de santé.
- Perdre votre travail.
- Avoir de mauvais résultats scolaires.
- Avoir des difficultés financières.
- Vivre une séparation ou un divorce.
- Subir un stress récurrent.

Les signes d'une haute estime de soi

Avoir une bonne estime de soi est **la conviction intime d'avoir de la valeur**. Nous pensons, ressentons et croyons que **nous sommes précieux** et **digne d'amour**. De fait, on se sent capable de :

- Gérer ses émotions négatives quand elles surgissent.
- Négocier, communiquer avec conviction, savoir dire non (s'affirmer).
- Tempérer les conflits.
- S'accepter vraiment tel que l'on est.
- S'aimer et se valoriser. Savoir que vous méritez le bonheur.
- Avoir confiance en soi et en l'avenir.
- Relever des challenges et prendre des risques.
- Accepter la critique sans le prendre personnellement.
- Être à l'aise pour donner et recevoir des compliments.
- Prendre des décisions pour notre bien.
- Respecter les autres dans leur globalité.
- Agir avec assurance.
- Rejeter les tentatives de manipulation.

Cette liste non exhaustive, vous révèle l'importance de **cultiver une saine estime de vous-même**. En prenant conscience de votre valeur, vous allez **faire corps avec la réalité et vous sentir en sécurité**.

Notre estime **peut fluctuer** au fil du temps, si nous ne mettons pas en place des solutions pérennes. Il suffit parfois d'une parole acerbe pour nous anéantir. Vous devez donc être capable de vous défendre contre les personnes malintentionnées.

SECRET DE RÉUSSITE N°10

Si vous cherchez encore cette personne qui **changera votre vie**, **regardez-vous** dans le miroir !

N'oubliez pas que **votre mental agit comme un aimant** dans votre vie. Ainsi, en éliminant certaines situations ou certaines personnes, vous allez mettre fin à **une prophétie autodestructrice**. Voici quelques conseils :

- Éloignez-vous des personnes nocives. Identifiez celles qui ne cessent de critiquer ou de rabaisser les autres et **FUYEZ** ! Pour rehausser votre estime, entourez-vous de personnes bienveillantes et qui vous apprécient vraiment.
- Tracez **une ligne imaginaire**. Vous devez poser vos limites et imposer vos règles du jeu. En traçant cette ligne, vous créez des limites personnelles que personne ne doit franchir sans votre accord et vous évitez que les autres ne tentent d'abuser de vous.
- **Chouchoutez-vous**. Le fait de prendre soin de vous, va vous permettre de réaliser à quel point vous êtes une personne d'une valeur inestimable. Maquillez-vous, soignez votre apparence et révélez au monde, ce qu'il y a de plus beau en vous !

5 STRATÉGIES POUR
redorer votre estime

Pour développer une estime de soi, saine et positive, il faut décider de **vous aimer tel que vous êtes**.

Comment faire ? C'est bien plus simple qu'il n'y paraît.

Tout d'abord, il faut **vous accepter entièrement** et **dépasser vos complexes**. Laissez tomber les armes, arrêtez les comparaisons et les jugements. **La vie n'est pas une lutte mais une expérience d'amour** !

Ensuite, il est essentiel de concentrer tous vos efforts, sur vous !

Vous devez **apprendre à vous dépasser** et à toujours donner le meilleur.

Enfin, tout dépend de la manière dont vous, et **vous seul**, vous voyez, sans aucune influence extérieure (comparaison, poids de la société) et intérieure (autocritique, jugement). **Ne vous trompez plus de route**. Empruntez celle que je vous propose ci-dessous.

01 — *Arrêtez de vouloir être parfait.*
Vous êtes un être imparfait avec ses défauts et ses lacunes. Si vous n'aimez pas vos cheveux ou votre nez, il existe aujourd'hui de nombreux moyens pour améliorer votre apparence et votre image.

02 — *Ne vous jugez pas trop sévèrement.*
Ne vous focalisez pas sur ce que vous n'aimez pas. Essayez d'améliorer ce qui vous dérange et arrêtez de vous critiquer. Modifiez votre regard sur vous-même.

03 — *Ne laissez pas les autres vous définir.*
Arrêtez de vous faire influencer ou manipuler. Ne vous laissez plus happer par les autres. Vous devez reprendre le contrôle, devenir l'acteur et non le spectateur de votre vie.

04 — *Capitalisez sur vos qualités.*
En focalisant sur vos atouts, votre discours intérieur sera positif. Vous allez embellir votre image et remplir votre réservoir de confiance. Soyez toujours positif.

05 — *Ne vous comparez pas aux autres.*
Se comparer aux autres est source de frustration. Il y aura toujours une personne plus intelligente, plus belle, plus riche que vous. Rivalisez donc avec vous-même et efforcez-vous d'être fier de la personne que vous êtes en train de devenir.

Je restaure mon estime

Vous l'avez compris, l'estime de soi se construit au contact des autres. Au fil du temps nos parents, nos enseignants, nos amis puis notre environnement de travail influencent le regard que nous posons sur nous. L'objectif de cet exercice est de comprendre qui a participé activement à la "construction" ou à la "destruction" de votre estime. Sous le schéma de gauche, notez le prénom et la phrase négative que cette personne a eu à votre égard. Répétez l'exercice sous le schéma de droite, en listant les phrases positives. Pour vous aider, suivez les exemples proposés.

IMAGE NÉGATIVE

Mon oncle : "Tu es trop petite."
Mathilde : "Tu ne plairas jamais."

IMAGE POSITIVE

Ma maman : "Tu as de la valeur."
Mon supérieur : "Tu vas réussir."

Utilisez un gros marqueur pour rayer tous les messages destructeurs qui vous ont blessés, abîmés ou même meurtris. **Sachez qu'un mot**, **n'a que le sens et la valeur, que vous lui accordez**. C'est votre interprétation personnelle qui lui donne du poids. **Les remarques, les critiques ne doivent pas avoir de prise sur vous**. Elles ne sont pas fondées sur des vérités absolues.

Vous pouvez vous en détacher, à partir du moment, où vous comprenez qu'**elles ne vous définissent pas** !

Pour chaque atteinte à votre estime, remplacez le message négatif par un positif. Si nous reprenons les deux exemples proposés :

1. Vous êtes peut-être petite, et alors ! Vous avez un métier, un conjoint, des enfants et vous êtes heureuse... *Écrivez* : "Tout ce qui est petit est mignon."

2. Vous avez séduit plusieurs personnes. *Notez* :"Je suis unique et j'ai beaucoup de charme", ou "Je suis belle comme je suis et je suis fantastique."

3. Vous vous êtes prouvé que vous pouvez faire de grandes choses. Vous savez vous débrouiller. *Indiquez* : "J'ai réussi mon bac, j'ai trouvé un emploi ou j'ai obtenu une promotion."

"

LA BEAUTÉ COMMENCE
QUAND VOUS DÉCIDEZ
D'ÊTRE VOUS-MÊME.

- COCO CHANEL

Sublimer votre image

Que diriez-vous de débuter notre séance en parlant de vous et plus précisément de votre image ? Vous le savez votre image, ne se résume pas à votre reflet dans le miroir. Ce concept est plus profond et nécessite d'être parfaitement maîtrisé pour accroître votre confiance en vous.

- L'image de soi est la représentation mentale que vous avez de vous.
- Elle se définit par votre manière de penser, d'interpréter, de juger votre apparence physique, vos performances et vos relations.
- C'est la manière dont vous vous voyez, en fonction de vos forces et de vos faiblesses. En d'autres termes, **il ne s'agit pas d'une réalité mais d'une perception** !

Votre image va se développer progressivement au cours de vos expériences et peut se dégrader, si vous n'y prêtez pas attention.

Avoir une image de soi positive a **le pouvoir d'améliorer** notre **bien-être physique, mental, social et émotionnel**. À l'inverse une image négative est souvent source de complexes et de blocages. La manière dont vous vous percevez, affecte alors votre conviction, votre volonté et votre motivation. Rien n'est plus difficile que d'essayer d'avancer dans des sables mouvants.

Et si tout cela venait de votre image ? Si vous désirez améliorer ou rééchanter votre quotidien, votre image doit être alignée avec la vie que vous souhaitez créer. Nous allons dans cette séance, redéfinir les contours de votre image pour **vous permettre d'irradier** !

LES FONDEMENTS DE
l'image de soi

L'image de soi est très **puissante**. Nous agissons et nous nous comportons au quotidien, **en fonction de la personne que nous pensons être**. Notre image influence donc nos relations et notre vision de nous-même.

Pour comprendre son rôle, j'aimerais vous présenter le concept des **"3 Moi"**. L'image de soi se décompose en 3 couches qui s'imbriquent les unes aux autres : le **"Moi réel"**, le **"Moi prétendu"** et le **"Moi idéal"**.

Le but est d'atteindre le juste équilibre et de se sentir aligné entre ces "3 Moi" sous peine de frustration, de confusion ou d'immobilisme. Il existe de nombreux exemples de frustration. Certaines personnes semblent avoir tout réussi, mais ne sont pas satisfaites de leur sort. D'autres ont perdu du poids mais continuent de se voir avec leurs kilos en trop. En fonction de votre image mentale, vous pouvez développer différents sentiments (peur de ne pas être à la hauteur, sentiment d'imposture...) qui vont entraver votre bien-être.

Moi réel
Ce que vous êtes réellement.

01

L'image de soi

02

Moi prétendu
Ce que vous prétendez être face aux autres.

Moi idéal
Ce que vous rêvez d'être.

03

LE CONSEIL
du jour

Prenez soin aujourd'hui d'identifier vos "3 Moi". Soyez honnête avec vous-même. Il est temps d'**enlever votre masque** et de vous voir sans artifice et sans filtre !

Le concept des "3 Moi"

À la racine, il y a le **"Moi réel"**. Il s'agit de la personne que vous êtes, au plus profond de vous. C'est l'image la plus pure de votre être, car elle reflète **la réalité**.

Pour savoir qui vous êtes vraiment posez-vous ces questions :

- Qui êtes-vous quand vous êtes seul et que personne ne peut vous voir ?
- Quels sont vos plus gros complexes ?
- Comment vivez-vous avec ?
- Vous aimez-vous suffisamment ?
- Que pensez-vous de vous ?
- Quelles étiquettes avez-vous posé sur vous ?
- Ces étiquettes vous font-elles mal ?
- Êtes-vous critique ou encourageant envers vous-même ?

Prenez le temps de répondre à ces questions sans trop vous attacher aux points négatifs. Nous allons y travailler plus tard !

 Ce n'est pas ce que vous dites de votre bouche qui détermine votre vie, c'est ce que vous chuchotez à vous-même qui a le plus de pouvoir. – Robert Kiyosaki.

Intéressons-nous à présent au **"Moi prétendu"**, c'est l'image que vous désirez **montrer aux autres. C'est une version édulcorée de vous-même.** Certains d'entre nous préfèrent cacher leur véritable identité sous un amoncellement de paillettes, car ils ont trop peur de montrer leurs faiblesses. Ils jouent alors un rôle et passent leur vie à **porter un masque**.

Afin d'en savoir plus sur l'image que vous projetez aux autres, répondez à ces questions :

- Comment aimez-vous être vu ?
- Que désirez-vous qu'on dise de vous ?
- Quelles qualités espérez-vous que les gens remarquent en votre présence ? Que faites-vous pour cacher vos défauts ?

Enfin, il y a le **"Moi idéal"**, c'est la personne que **vous rêvez d'être** et à laquelle vous tentez de vous rapprocher le plus. Pour découvrir l'image idéale que vous aimeriez atteindre, poursuivez votre analyse :

- Comment aimeriez-vous être idéalement ?
- Comment seriez-vous si vous pouviez ressembler à votre "moi idéal" ?
- À qui aimeriez-vous ressembler ?

Vous l'avez compris, l'image que vous avez de vous, est un facteur qui influence votre succès mais également vos échecs. Il a été démontré que les personnes qui ont une image positive d'elle-même ont plus de chance de réussir. Sachez également que votre image a un impact sur les autres et **leur manière de se comporter avec vous.**

Votre comportement, votre posture, votre langage corporel, votre communication verbale et non verbale sont guidés par votre inconscient. Ainsi, même si vous désirez exprimer une idée, **vous pouvez être trahi par votre inconscient** et par l'image que vous avez de vous-même.

En effet, il est très fréquent de voir des individus qui veulent transmettre une idée mais qui, à travers leur corps, en exprime une autre. Leur image négative va alors agir comme **un "polluant"** qui va les empêcher d'avancer et de changer. Vous comprenez à présent l'importance d'avoir une image positive.

SECRET DE RÉUSSITE N°11

C'est vous et vous seul, qui pouvez rechercher au fond de vous
votre véritable trésor !

Sachez que vous pouvez agir sur votre image en travaillant sur **4 dimensions** :

- physique (focalisez sur vos atouts, améliorez votre apparence),
- psychologique (boostez vos qualités, développez votre force mentale),
- intellectuelle (concentrez-vous sur vos aptitudes et vos compétences),
- morale (mettez en lumière vos valeurs et vos principes).

Témoignage de Laurent

En tant que coach, j'ai loisir de conseiller de nombreuses célébrités. Elles s'adressent à moi pour que je les aide à reprendre confiance en elles. Mais dans de nombreux cas, mon travail consiste spécifiquement à **travailler sur leur image**.

Le cas qui m'a le plus frappé est celui de Laurent. Il est talentueux, célèbre, riche et semble en apparence très sûr de lui.
Il possède tous les apparats du luxe. Il s'est rapproché au plus près de son "Moi idéal".

Mais vous vous en doutez, tout cela n'est qu'illusion. Il me confie qu'il n'est pas heureux, qu'il doute en permanence et qu'il n'arrive pas à être satisfait de sa vie, alors qu'il a tout ce qu'il a toujours voulu.
Au fil de notre échange, je mets le doigt sur sa problématique. Laurent souffre du **"syndrome du paradis"**.

Ce syndrome se résume au fait, qu'un individu se sente malheureux et frustré alors qu'il a atteint ses objectifs et réalisé tout ce qu'il a toujours rêvé. Il touche particulièrement des personnes qui ont réussi professionnellement. Une fois leur rêve accompli, elles se retrouvent sans challenge à relever et sont insatisfaites de leur vie, au niveau émotionnel et mental.

Contrairement aux apparences, Laurent souffre réellement. Il n'arrive pas à se détendre et il a un comportement autodestructeur. Il se sent **illégitime** et vide de sens car il n'a plus de buts à poursuivre.
Je lui propose d'effectuer plusieurs séances pour travailler sur son image et rapidement, il prend conscience du fossé qu'il existe entre ses "3 Moi".

Sa vision de lui-même est très floue. Il ne sait plus où se situe la frontière entre son "Moi prétendu" et son "Moi idéal".
Il me dit qu'il a l'impression de devoir jouer un rôle sans interruption.

Il éprouve la sensation désagréable d'être **un imposteur.**

Il ne sait plus faire la différence entre ce qu'il est profondément *(son Moi réel)* et ce qu'il représente pour les autres *(son Moi prétendu)*.

D'une certaine manière, nous ressemblons tous à Laurent !
Nous avons tendance à définir notre identité par le rôle que nous jouons au quotidien.
Cela peut être le cas dans toutes les sphères de notre vie professionnelle et personnelle. Nous pouvons même endosser plusieurs casquettes en fonction des personnes qui nous entourent et de ce qu'elles attendent de nous.

À savoir

Pour vous sentir en phase avec vous-même, il est important de **vous concentrer sur votre "Moi réel".**

- Prenez quelques instants pour réfléchir à la personne que vous êtes au plus profond de vous-même.

- **Définissez vos valeurs** (nous aborderons ce thème en détails, lors de la séance n°15), et relisez l'exercice sur vos forces.

- Ensuite, identifiez les "rôles" que vous jouez au travail, dans votre famille, avec votre conjoint...

Ne soyez pas critique, nous sommes tous des acteurs. L'essentiel est d'en prendre conscience pour aligner vos "3 Moi", vous sentir plus heureux et serein.

Mon "Moi idéal"

Imaginez qu'aujourd'hui, vous disposiez d'une baguette magique qui vous donne le pouvoir de **rencontrer la meilleure version de vous-même** et de vivre à travers elle ! Cet exercice de **"visualisation créative"** est très utile. En vous imaginant devenir votre "Moi-idéal", vous allez développer des comportements qui vont redorer votre image.

- Choisissez un endroit calme et paisible pour vous ressourcer.
- Visualisez votre "Moi-idéal". Représentez-vous la meilleure version de vous-même, debout, juste en face de vous.
- Observez tous les détails. A quoi ressemble-t-il ? Quel est son style ?
  Quels vêtements porte-t-il ? Quelle est sa posture, son attitude ?
  Quel langage a-t-il ? Que ressent-il vis à vis de lui-même ?
  Comment se traduit sa confiance en lui ? Comment se comporte-t-il ?
  Quels signes révèlent qu'il est bien dans sa peau ?
- Après l'étape d'observation, vous devez ressentir ses émotions. Fondez-vous dans votre "Moi-idéal" pour n'être qu'une seule et même personne.
- Listez ce qu'il ferait pour améliorer et changer votre vie.
  Comment s'y prendrait-il pour résoudre vos problèmes du quotidien ?

À présent, notez à quel point votre vie serait fantastique si vous viviez dans le corps et l'esprit de votre "Moi-idéal"...

Permettez-moi de vous poser une dernière question : Qu'est-ce qui vous empêche d'être cette personne souriante et confiante dès aujourd'hui ?

Si vous le désirez profondément, alors vous pouvez tout changer.

"

LORSQUE VOUS DITES
« OUI » AUX AUTRES,
ASSUREZ-VOUS QUE VOUS
NE DITES PAS
« NON » À VOUS-MÊME.

- PAULO COELHO

Apprendre à vous affirmer

Apprendre à s'affirmer et savoir dire non à son chef, à son conjoint ou à ses enfants vous semble impossible ?

Taratata ! Arrêtez de vous complaire dans votre zone de confort !

Vous n'êtes plus un enfant et vous n'avez pas à accepter qu'on vous dicte votre conduite. **Vous avez le pouvoir d'évoluer** et de vous améliorer.

J'ai pour ambition à travers cet ouvrage, de vous faire réaliser que vous pouvez changer le cours de votre histoire. Rien n'est tracé à l'avance. C'est vous et vous seul, qui tenez la plume pour écrire votre prochain chapitre et si vous décidez de vous affirmer à compter de ce jour, rien ni personne, ne pourra se mettre en travers de votre route.

Sachez tout d'abord que **tout le monde peut apprendre à s'affirmer. Il suffit juste de connaître les techniques et de s'entraîner.**

Pourquoi est-ce si important ? Pour opérer votre transformation, vous allez être confronté à de nombreux refus. Le fait de ne pas les prendre personnellement et de dédramatiser certaines situations vous sera très utile. Vous allez donc aujourd'hui, vous **exercer** à "demander de l'aide" et "apprendre à dire non" aux sollicitations qui vous déplaisent.

7 RÉFLEXES À ADOPTER
pour s'affirmer

Pour vous affirmer dans vos relations, vous devez être capable de mettre en pratique ces 7 techniques. N'hésitez pas à relire régulièrement ce schéma pour noter votre évolution.

Apprendre à dire non.
Arrêtez de vouloir plaire à tout prix. N'ayez plus peur du conflit.

Poser vos limites.
Exprimez aux autres ce que vous n'êtes plus disposé à faire.

Oser demander.
Demander de l'aide, ne vous rend pas vulnérable.

Rester calme.
Être zen et calme vous aidera à apaiser toutes les situations.

Exprimer vos émotions.
N'hésitez pas à dévoiler vos sentiments.

Éviter les comparaisons.
Ne perdez plus votre énergie à vous comparer aux autres.

Se faire respecter.
Soyez ferme. Dites stop aux situations abusives.

Pourquoi s'affirmer ?

Beaucoup de personnes n'arrivent pas à s'affirmer dans certaines sphères de leur vie. Elles ont **peur d'être rejetées** ou de **ne plus être aimées**, si elles refusent les demandes des autres. De fait, elles cherchent à faire plaisir, se montrent toujours disponibles, font des efforts, se plient en quatre pour faire tout ce qu'on leur demande. En lisant ces mots, vous devez réaliser qu'il y a là, une forme de **déséquilibre** et de **soumission**. Bien sûr, votre patron ou vos parents ont une autorité sur vous, mais cela ne signifie pas qu'ils aient **les pleins pouvoirs**. N'oubliez jamais que vous n'êtes pas un esclave, vous êtes en droit de vous exprimer et **vous méritez le respect**.

> ❝ *N'ayez pas peur d'être critiqué, c'est la preuve que vous devenez quelqu'un...*

4 conseils pour s'affirmer

Il existe souvent une confusion entre l'affirmation et l'agressivité.

Pour ne pas dépasser la frontière, je vous invite à vous exprimer avec clame en toute circonstance. Voici **4 conseils à adopter** :

- **Conseil n°1.** Il convient de considérer l'affirmation de soi comme la **recherche d'un équilibre**. Il s'agit d'exprimer vos droits, vos émotions ou vos besoins tout en tenant compte de ceux des autres.

Toutes les relations amoureuses, parentales, amicales ou professionnelles doivent se construire autour d'une **logique "gagnant-gagnant"**.

Vous devez faire passer vos idées de manière claire, ferme mais avec empathie. Cette approche vous permet de rechercher un terrain d'entente et de proposer des solutions plutôt que de vous soumettre.

- **Conseil n°2. L'affirmation de soi**, comme nous l'avons vu, est une composante de l'estime de soi. Si vous avez conscience de votre valeur, vous vous respectez et vous en attendez autant des autres.

Le respect est essentiel dans toutes vos relations. Si vous vivez des situations abusives, irrespectueuses, toxiques, prenez le temps de les identifier. Nous trouverons des solutions dans l'exercice du jour.

- **Conseil n°3. Exprimez vos opinions**. Vous devez vous assurer que vos besoins soient pleinement satisfaits. Prenez soin de revenir sur chacune de vos attentes et exprimez-les. *Exemple :* Votre cours de Salsa est à 17h, tous les lundi. Ne faites pas l'impasse sur votre séance, expliquez à votre chef que vous en avez besoin. Vous serez disponible 1h de plus le mardi !

SECRET DE RÉUSSITE N°12

Ne laissez jamais personne prendre le dessus. C'est à vous de **distribuer vos cartes** et de **définir vos règles du jeu**.

- Conseil n°4. Apprendre à dire non peut se révéler difficile, surtout si vous êtes introverti, mais il existe une solution miracle : "**Le scripting**". Si vous avez le sentiment qu'une personne "vous exploite", il vous suffit de préparer votre argumentation à l'avance, comme le font les avocats, avant un procès.

- Expliquez clairement votre vision du problème. Si vous désirez dévoiler vos sentiments, ne vous positionnez pas en victime, mais d'**égal à égal**.
- Veillez à reconnaître et comprendre **les attentes** de votre interlocuteur.
- Utilisez **un vocabulaire positif**. Votre ton doit être ferme, sans être agressif.
- Décrivez **les solutions** que vous proposez et mettez en avant **les bénéfices**.
- Écrivez plusieurs scénarios **en escalade**. Si vos premières tentatives échouent, montrez-vous de plus en plus ferme, mais toujours respectueux.
- Utilisez **la technique du disque rayé**. Répétez en boucle les mêmes arguments pour indiquer votre refus, mais surtout ne vous justifiez pas.
- N'hésitez pas à **répéter vos répliques** devant le miroir pour vous les approprier.

"LE SCRIPTING"
une solution pour vous affirmer

Pour construire votre script, il faut prendre en compte les 4 conseils précédents. Faites le point sur les situations du quotidien qui vous mettent mal à l'aise et formulez des scénarios pour répondre à chaque problème.

Problèmes

Solutions

Votre patron vous demande de réaliser une tâche pour demain matin, en vous mettant la pression. Vous ne pouvez pas le faire par manque de temps.

Objectif : Vous devez être emphatique, comprendre les enjeux, énoncer vos droits et proposer une solution. Recherchez l'équilibre grâce à un consensus.

"J'ai conscience de l'importance de ce dossier. Si vous désirez que je le finalise avec soin, je dois avoir plus de temps. Je pense pouvoir vous rendre ce travail pour demain 14h." *Ou autre option :*

" Pour clôturer le dossier à temps, je dois mettre en attente des tâches tout aussi importantes. Je vous propose que nous établissions des priorités".

Votre amie vous demande de l'aider à monter une étagère ce dimanche alors que vous deviez partir avec conjoint.

Objectif : Exprimez vos sentiments et proposez-lui votre aide un autre jour.

"J'ai prévu autre chose pour dimanche. Nous partons en weekend avec Mathias. Je suis disponible lundi soir si ça te convient, ou nous pouvons passer mercredi à 18h, si tu peux attendre."

Votre collègue de bureau vous demande d'organiser le prochain séminaire, mais vous devez partir en vacance à la fin de la semaine.

Objectif : Refusez avec courtoisie sa requête. Expliquez lui votre refus, sans vous justifier.

"C'est adorable d'avoir pensé à moi. Je suis toujours disposée à t'aider, mais je pars en vacance lundi, donc je vais finaliser mes dossiers en priorité. Je te conseille de faire appel à Laurence car elle est très compétente et sera plus disponible que moi."

Votre père vous juge. Il vous rabaisse en vous disant : "Tu n'es capable de rien, ça ne changera jamais."

Objectif : Prenez du recul, identifiez ce qui vous rend mal à l'aise et faites-vous respecter.

"Je ne suis pas comme Léo qui a fait médecine, mais j'ai réussi ma vie. J'ai construit une famille dont je suis très fière. J'ai le mérite de travailler pour subvenir à nos besoins. Je désire que tu me respectes pour ce que je suis."

Témoignage de Lou

Le témoignage de Lou est là pour vous encourager, car je sais que certains d'entre vous, n'oseront pas s'affirmer face aux personnes qui les intimident. Mon rôle de coach est de vous aider et non de vous forcer, à faire ce que vous ne voulez pas. Mais à travers ce témoignage, j'espère vous faire changer d'avis.

Lou est la fille d'une de mes amies. Elle a 25 ans quand sa mère me demande de l'épauler. Pour l'avoir souvent croisé lors de dîners, je sais qu'elle est très discrète et plutôt secrète.
Elle vient de finir ses études et a décroché son premier emploi. Pourtant, sa mère s'inquiète de la voir rentrer tous les soirs, avec la boule au ventre.

Quand je l'interroge, elle me dit qu'elle est terrifiée par son chef.
Elle accepte de faire tout ce qu'il lui demande, même si cela ne fait pas partie de ses attributions, car elle a peur de perdre son travail.
Ce problème est très fréquent et pas uniquement chez les débutants !
Nos parents nous apprennent à respecter l'autorité et à nous montrer gentil avec les autres, mais cela ne signifie pas que nous devons tout accepter !

Pour notre première séance, je lui demande de me décrire ses blocages :

- Elle est intimidée par son chef et ne lui refuse rien.
- Elle se met la pression et panique à l'idée d'être licenciée.
- Elle n'arrive pas à s'exprimer par peur de faire des erreurs.

Lou est entrée dans une spirale négative. Pour l'aider à déployer ses ailes, je lui demande de retracer sa dernière semaine de travail et de lister toutes les sollicitations de son chef.

Nous évaluons ensemble les situations "normales" et "abusives".
Pour ces dernières, nous éditons un script qu'elle a pris soin de peaufiner pour se l'approprier. Elle le répète 5 minutes par jour devant son miroir.
Une fois à l'aise, elle se lance et s'exprime devant son supérieur.

Au bout de quelques semaines, elle me dit que **la situation est à l'équilibre**. Elle réalise que son chef n'est pas le dictateur qu'elle pensait.

En rentrant dans une logique "gagnant-gagnant", elle a pu exprimer ses idées et son chef se sentait enfin assisté. Il lui a confié qu'il se mettait en colère car il voulait qu'elle arrête de gâcher son talent !

À savoir

Dans de nombreux cas, nous préférons **éviter le conflit** et nous choisissons de ne rien dire. Mais en exprimant nos opinions, nous pouvons au contraire **améliorer une situation**.

Le psychologue Dominique Chalvin a mis au point la méthode "DESC" que je vous conseille vivement d'utiliser, dans toutes vos relations.

- **D** pour décrire : exposez votre point de vue avec objectivité.

- **E** pour émotion : exprimez les sentiments que cette situation vous inspire.

- **S** pour solution : suggérez une solution "gagnant-gagnant".

- **C** pour conséquence : présentez les conséquences et les bénéfices de votre solution.

Je prends un risque par jour

Aujourd'hui est un grand jour, car vous allez **sortir de votre zone de confort** en prenant **un risque par jour**. Ne remettez pas cet exercice à plus tard, car même s'il va vous demander une grande dose de courage, il va vous faire grandir en un claquement de doigt !

Réalisez chaque proposition dans l'ordre, car ces situations sont classées de la moins difficile, à la plus difficile. Comme **un parcours initiatique**, vous allez gravir les étapes, une à une, et apprendre à vous affirmer. N'ayez crainte, la réussite des premières étapes vous insufflera **le courage** nécessaire pour franchir les suivantes.

N'hésitez pas à préparer votre script avec **la méthode DESC** et notez les émotions que vous avez ressenties après chaque action. Encouragez-vous à refaire ce que vous n'avez pas réussi à faire, du premier coup.

- Demander un service à un ami.
- Demander de l'aide à un collègue.
- Demander un renseignement à un passant dans la rue.
- Solliciter l'aide d'un vendeur pour vous conseiller sur un produit indisponible.
- Décliner une sortie dont vous n'avez pas envie, sans vous justifier.
- Refuser une demande illégitime d'un collègue.
- Demander à un serveur de réchauffer votre plat.
- Demander à une personne de ne plus faire quelque chose qui vous gêne.
- Prendre la parole lors d'une réunion, même si c'est pour dire : "parfait".
- Refuser une requête abusive de votre chef (en dehors de vos attributions).
- Demander une augmentation ou une formation à votre supérieur.

Ne reculez jamais devant l'obstacle !

"

**S'AIMER SOI-MÊME
EST LE DÉBUT
D'UNE HISTOIRE D'AMOUR
QUI DURERA TOUTE LA VIE.**

- OSCAR WILDE

Jour 13

Cultiver l'amour de soi et la bienveillance

S'aimer soi-même est la chose **la plus productive** que vous puissiez faire pour améliorer votre vie. Comme je vous l'ai dit en introduction, pour être pleinement heureux, il faut que **vous tombiez amoureux de vous**.
En apprenant à vous aimer véritablement, vous allez expérimenter le bonheur à un niveau supérieur !

Nous pensons que nous devons trouver l'amour chez les autres, mais la vérité c'est que l'amour que vous cherchez, ne peut venir que de l'intérieur.
Vous et vous seul, possédez la clé du bonheur et du paradis intérieur.
Tout dans votre vie découle de votre relation avec vous-même.
Il est donc urgent de vous aimer et de vous considérer enfin, comme la personne que vous devez le plus chérir, au monde.

Plus vous cultivez de l'amour, du respect et de la gratitude envers vous-même, plus votre vie sera joyeuse et facile à vivre.
J'aborde intentionnellement le concept de l'amour de soi dans cette séance, car vous avez parcouru un long chemin intérieur. Après un travail intense pour sublimer vos forces, redorer votre image, renforcer votre confiance en vous, je sais que vous êtes prêt pour **la dernière ligne droite** !

10 CLÉS POUR
apprendre à s'aimer

En lisant ce schéma, vous constaterez qu'il reprend de nombreux thèmes que nous avons abordés, durant la semaine.

Comment l'expliquer ? C'est très simple, l'amour est partout... Il doit faire l'objet de toute votre attention.

Voici 10 clés pour apprendre à vous aimer et changer le cours de votre existence.

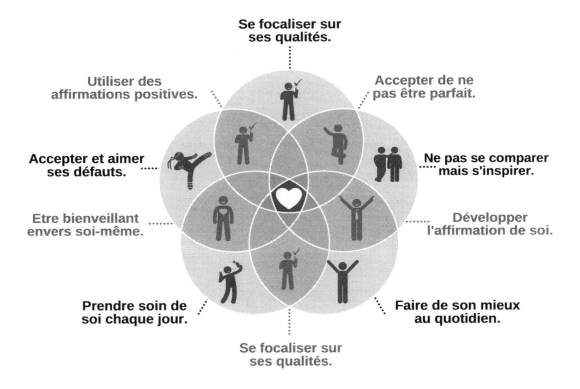

Se focaliser sur ses qualités.

Utiliser des affirmations positives.

Accepter de ne pas être parfait.

Accepter et aimer ses défauts.

Ne pas se comparer mais s'inspirer.

Etre bienveillant envers soi-même.

Développer l'affirmation de soi.

Prendre soin de soi chaque jour.

Faire de son mieux au quotidien.

Se focaliser sur ses qualités.

LE CONSEIL
du jour

Reprenez ces 10 points et pour chacun d'entre eux, demandez-vous **si vous devez encore réaliser un travail sur vous**. Si tel est le cas, relisez les exercices de la semaine et planifiez des **actions rapides** et **faciles** à mettre en place.

L'amour de soi

Apprendre à s'aimer n'est pas aussi compliqué que nous pouvons l'imaginer, car nous avons en nous **une réserve inépuisable d'amour**. Nous sommes capables d'aimer nos proches, nos enfants d'un amour inconditionnel.

Nous allons apprendre aujourd'hui comment diriger cet amour sur vous.

Je vais comme à mon habitude vous guider, mais pour obtenir des résultats durables, vous devrez appliquer ces conseils tous les jours.

Faites un état des lieux :

- Vous accordez-vous du temps pour faire des activités qui vous plaisent ?
- Donnez-vous la priorité à votre santé, à votre sommeil, à votre alimentation, au sport ?
- Faites-vous de la méditation, du yoga, de la relaxation ?
- Exprimez-vous de la gratitude envers vous-même ?

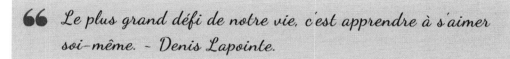

> *Le plus grand défi de notre vie, c'est apprendre à s'aimer soi-même. ~ Denis Lapointe.*

Quand je demande à mes coachés d'évaluer le temps qu'ils consacrent à prendre soin d'eux chaque semaine, je me rend compte qu'il est souvent **trop insuffisant**. Certains me répondent qu'ils ne sont pas égoïstes et que leurs besoins ne sont pas, si essentiels.

Détrompez-vous, **prendre de soin de vous est VITAL**.

Comment pouvez-vous, vous aimer, si vous ne prenez pas de temps, pour vous découvrir ? Quand vous tombez amoureux, vous désirez passer le plus de temps possible avec l'être aimé. Il en est de même en ce qui concerne l'amour de soi. **Vous devez devenir votre priorité**.

À partir d'aujourd'hui, je vous prescris une "**ordonnance bonheur**".

Vous allez vous accorder au minimum **10 minutes par jour**, pour vous ressourcer et vous chouchouter.

Cette bulle de bien-être sera un moment rien que pour vous. L'objectif de cette pause est de passer du temps à vous re-découvrir.

Profitez de ce moment pour vous construire **un "agenda bien-être"**.

Notez les soins que vous devez vous prodiguer en priorité. Planifiez par exemple une cure de sommeil ou décidez de passer à une alimentation plus saine. Je vous laisse choisir comment vous allez vous dorloter.

Il peut sembler difficile de vous aimer pleinement car certains aspects physiques peuvent vous complexer, et je le comprends parfaitement. Mais si vous interrogez un top model, vous serez surpris d'appendre qu'elle aussi, n'aime pas certaines parties de son corps. Vous n'êtes pas "**miss parfaite**", ça tombe bien, je n'en connais aucune. Mais s'imposer des régimes, porter des talons aiguilles et vous critiquer en permanence, ne vous aidera pas à vous sentir mieux. Pour vous aimer, vous devez **porter un regard "tendre" sur vous et apprendre à embrasser vos défauts.**

SECRET DE RÉUSSITE N°13

En tombant littéralement amoureux de vous-même, vous allez **décupler votre super-pouvoir**.

Vous pouvez par exemple :
- Améliorer votre apparence à condition de ne pas vous torturer.
- Cesser de vouloir atteindre la perfection.
- Lâcher toute attente déraisonnable. Parfois, il faut lâcher prise.
- Vous répéter chaque jour : "Je m'aime comme je suis. Je suis une magnifique personne, bonne, belle. Je suis digne d'être aimé".
- Garder à l'esprit que personne n'est meilleur que vous et que vous n'êtes pas meilleur que les autres.
- Prendre conscience que nous ne sommes pas né pour souffrir, mais pour être heureux.
- Inhiber toute forme de négativité. Pour vous sentir en paix avec vous-même, vous pouvez choisir d'ignorer les critiques et les personnes toxiques.

FAITES UNE CURE
"bien-être"

Cultiver l'amour de soi au quotidien peut être un défi pour certains d'entre vous, c'est pourquoi je vous encourage à **faire une cure pour rebooster votre capital bien-être**.

Ce petit ananas a de nombreuses vertus. Il va vous redonner la pêche et vous permettre de bien démarrer votre journée. **Vous allez vous gorger d'amour et de gratitude** !

07 Félicitez-vous pour **vos progrès**. "Je suis fier de suivre ce programme."

06 **Pardonnez-vous** vos erreurs. "Ce n'est pas grave, je vais réussir."

05 **Ignorez les critiques**. "Tom n'aime pas ma robe, moi je l'adore ! "

04 Prenez **soin de vous**. "Ce soir, je fais un soin et 15 mn de relaxation."

03 Mettez en lumière une **qualité physique**. "J'aime mes yeux bleus."

02 Faites preuve de **gratitude**. "Je remercie la vie d'avoir mes enfants."

01 Commencez votre journée avec **un compliment**. "Je suis super drôle."

Témoignage de Maxence

Maxence est un homme accompli. À plus de cinquante ans, il a réussi ses affaires, a de magnifiques enfants et passe son temps à rechercher ses prochaines vacances. À priori, sa vie est agréable.

Nous nous rencontrons car il a besoin d'un éclairage sur son business. Après trois mois de coaching, ma mission se termine, mais Maxence me demande si je peux l'aider à combattre ses complexes.

Il est très bel homme et je vous avoue que j'ai été surprise par sa demande. Avant de lui donner ma réponse, je lui fais passer un audit pour comprendre sa problématique. Je réalise qu'il souffre d'un complexe d'infériorité.
Lors de son adolescence Maxence était en surpoids et encore aujourd'hui, il n'arrive pas à aimer son corps.

Il me confie qu'il a toujours fait la part des choses entre sa sphère privée et professionnelle.

Le cas de Maxence est très intéressant car :
- Il a confiance en lui et en son potentiel.
- Il s'affirme sans difficulté.
- Il a une forte estime de lui au niveau professionnel.
- MAIS, il n'arrive pas à s'aimer tel qu'il est aujourd'hui.

Son ancienne apparence le hante au quotidien. Il m'explique que toutes ses relations sentimentales tournent mal car il doute de lui en permanence.
Il en devient jaloux et préfère partir par peur de souffrir.

La situation de Maxence est courante. Pour se protéger, beaucoup d'entre nous préfère s'enfuir, mais cela ne règle rien.

Le premier exercice que je lui propose est de faire un jeu de rôle.
Il doit se mettre dans la peau de son fils de 10 ans et décrire l'apparence de son père.

Sourire aux lèvres, Maxence s'exécute, mais je dois le recadrer à plusieurs reprises, car il utilise un vocabulaire inapproprié et extrêmement dur.

Pour conclure la séance, je lui demande de refaire cet exercice avec son fils à côté de lui, pour le corriger.

Une fois le travail réalisé, il me dit que cela lui a véritablement apporté du réconfort, car son fils a été tendre avec lui.

À savoir

Nous nous focalisons sur des détails qui sont parfois **invisibles pour les autres**. Et même dans le cas inverse, cela n'affecte en rien l'amour qu'il nous porte.

Un jour une mère se plaint devant moi car son fils d'un an et demi, ne marche toujours pas. Pour la faire réagir, je lui dis : "Connaissez-vous des adultes qui rampent ?" La réponse est non, bien sûr.

Pour votre information, il faut savoir qu'**un bébé va tomber plus de 2 000 fois avant de savoir marcher** ! Il va faire de nombreuses chutes mais cela ne l'empêche pas de poursuivre ses efforts.

Arrêtez donc de vous acharner à **vouloir rentrer dans les normes**. Cultivez votre différence, acceptez-vous et soyez reconnaissant d'être vous, dans toute **votre magnificence** !

À vos pinceaux !

Je vais vous demander dans cet exercice de faire **votre autoportrait**. Imaginez que vous disposiez de pinceaux et que vous êtes artiste peintre. Vous allez faire le point sur l'image que vous avez de vous, à cet instant précis. Répondez le plus sincèrement à ces questions.

Au risque de me répéter, je vous demande d'être tendre avec vous-même.

- Comment vous trouvez-vous physiquement ?
- Que pensez-vous de votre visage ?
- Vous sentez-vous à l'aise dans votre corps ?
- Quels sont vos plus gros complexes ?
- Que préférez-vous en vous ?
- Qu'aimeriez-vous améliorer ou changer ?
- Savez-vous vous mettre en valeur ?
- Comment trouvez-vous votre style et votre look ?

Je sais que cet exercice peut être délicat pour certaines personnes, surtout pour celles qui sont trop sévères et qui vont se focaliser sur des défauts imaginaires.

Comme nous l'avons vu dans le témoignage Maxence, il est fort probable que vous ne vous voyez pas, tel que vous êtes vraiment. C'est pourquoi, je vous invite à solliciter l'aide d'un de vos proches. Soumettez-lui ce questionnaire et demandez-lui de répondre à votre place.

Une fois l'exercice réalisé, comparez vos réponses et prenez le temps de réfléchir ensemble, à ce que vous pourriez améliorer, avec "trois fois rien". Votre style manque de peps, mettez un peu de couleur dans votre garde-robe. Vous n'aimez pas vos jambes, regardez les émissions de l'incroyable relookeuse Cristina Cordula.

Je suis certaine que vous allez prendre conscience que vous disposez de nombreuses qualités !

**LE SUCCÈS
EST LA SOMME DE
PETITS EFFORTS RÉPÉTÉS
JOUR APRÈS JOUR.**

- LÉO ROBERT COLLIER

Vous êtes capable de tout réussir !

Comment vous sentez-vous à la fin de cette semaine ?
J'espère que vous avez ajouté des paillettes dans votre vie, que vous osez porter des chaussures roses ou des pantalons verts, si tel est votre désir ! Chaque matin au réveil, vous devriez **être rempli d'excitation** parce que vous savez que **vous êtes une personne formidable, capable de réaliser de grandes choses**. Vous êtes né pour vous sentir bien dans votre peau et vivre une vie à la hauteur de vos aspirations ! Vous êtes destiné au bonheur, tout simplement.

Cette semaine vous a permis de réaliser que vous devez arrêter de vous juger et vivre à 100 % l'existence que vous méritez. Vous avez pris conscience que votre vie peut devenir plus belle et plus douce, quand vous prenez soin de la personne la plus inestimable du monde : VOUS.
Tout est possible quand on a confiance en soi... Et je sais à présent, que vous êtes sur la bonne voie.

> **Secret de réussite n°14** : Vous êtes un diamant brut, qui attend d'être poli, pour **briller de mille feux**. Poursuivez votre transformation, vous avez en vous, tout ce qu'il faut, pour **réenchanter votre quotidien**.

Kit de survie

Cette semaine est pour moi, un **véritable cadeau**, car vous avez appris à **vous aimer**. Qu'y-a-t-il de plus beau que l'amour ?

Je sais que cette semaine a été dense. N'oubliez pas que ce programme est **une petite tranche de vie** que nous avons la chance de passer ensemble. Elle n'est que le démarrage de **votre nouvelle vie**.

Vous pouvez vous lasser de devoir chaque jour, plancher sur de nouveaux concepts comme un étudiant ! Nous sommes humains et nous perdons souvent notre motivation. Ce n'est pas grave, nous sommes tous sujets au stress, à la pression et il nous faut parfois reprendre des forces, pour pouvoir poursuivre notre grande course...

Si vous désirez vous accorder une pause, voici ce que je vous suggère. Pendant un jour ou deux, lisez le contenu de la séance du jour et répondez succinctement aux exercices. Mais ne perdez pas **le fruit de vos efforts** en refermant ce livre. Vous n'avez pas fait tout ce travail pour vous arrêter aujourd'hui ! **Restez ouvert à la découverte** des nouvelles étapes qui vous attendent. De surcroît, il ne vous reste plus que **7 petits jours pour obtenir de grands changements**.

Faites-moi confiance, la dernière semaine est placée sous le signe de **la liberté**. Nous allons entrer dans **une phase de croisière** et mettre en place **un plan de vol** pour que vous puissiez déployer vos propres ailes !

La grande différence entre la phase "Évolution" que nous venons de traverser et la phase "Action" à venir, c'est **votre indépendance**. Jusqu'à ce jour, vous suiviez mes enseignements et mes conseils, mais, à partir de demain vous allez retrouver la maîtrise des opérations. Surtout ne vous sous-estimez pas. Vous disposez de toutes les armes pour **faire cavalier seul**.

Vous avez tellement appris sur vous ! Mon rôle sera juste de vous éclairer sur les bonnes pratiques, pour construire un projet viable et serein.

Votre kit

Vous connaissez l'adage "Qui veut voyager loin, ménage sa monture". Pour prendre soin de vous, sur la durée, et éviter de vous laisser rattraper par les tracas du quotidien, vous pouvez construire votre **"Check-list"**. Parcourez rapidement tous vos exercices, analysez les temps forts de cette semaine et faites la liste des éléments que vous devez particulièrement approfondir ou surveiller.

CONSEIL DE VOTRE *Coach*

Pour concevoir votre check-list, **deux options s'offrent à vous**.
Soit vous décidez de reprendre les points qui vous semblent les plus importants, soit vous montez d'un cran et **vous vous fixez des défis à relever**. L'objectif est de vous sentir à l'aise et de progresser.
N'oubliez pas que vous devez travailler chaque jour sur votre confiance en vous pour la renforcer. Alors à vos stylos !

Ma check-list

- [x] Tous les matins, je pratique mes affirmations positives.
- [x] Je prends soin de moi 15 minutes par jour.
- [x] Je focalise uniquement sur mon trésor intérieur et sur mes forces.
- [x] Je m'aime aussi fort que je peux aimer un être cher (conjoint, parent, enfant).
- [x] Je me détache du jugement des autres.
- [x] Je m'autorise à prendre ma place, au sein de ma famille, au bureau....
- [x] Je trace ma ligne imaginaire et je pose mes limites.
- [x] J'arrête de vouloir atteindre la perfection. Je m'aime avec mes imperfections.
- [x] Je prends un risque par jour.
- [x] Je me rapproche chaque jour, de mon moi-idéal.
- [x] Je ne subis plus les critiques de mon entourage car je sais m'en détacher.
- [x] Je recherche un équilibre dans toutes mes relations.
- [x] J'utilise la méthode DESC pour désamorcer des situations désagréables.
- [x] Je suis capable de dire non, sans me justifier.
- [x] Je m'éloigne des personnes nocives.
- [x] J'ai conscience de ma valeur et je rayonne.
- [x] Je suis ma propre pom-pom girl. Chaque matin, je me motive à performer.
- [x] Je mesure mes progrès et me félicite du chemin parcouru.

À retenir

CEUX QUI RÉUSSISSENT	CEUX QUI ÉCHOUENT

Ils ont repris confiance en eux.
Ils savent qu'ils ont les capacités
pour réussir leurs projets.

Ils n'ont pas confiance en eux.
Ils ont peur de l'échec et craignent
le regard des autres.

Ils ont sublimé leur image.
Ils sont en phase avec l'image qu'ils ont
d'eux-même et celle qu'ils projettent.

Ils n'aiment pas leur image.
Ils sont mal dans leur peau
et se sentent illégitimes.

Ils ont redoré leur estime.
Ils connaissent leur valeur et
savent prendre soin d'eux.

Ils ne s'apprécient pas.
Ils se dévalorisent et se
dénigrent en permanence.

Ils ont appris à s'affirmer.
Ils n'hésitent pas à dire non
et expriment leurs opinions.

Ils n'osent pas dire "non".
Ils se plient aux exigences des
autres par peur du rejet.

Ils ont appris à s'aimer.
Ils s'aiment avec leurs
qualités et leurs défauts.

Ils ne s'aiment pas réellement.
Ils se focalisent sur leurs défauts
et n'aiment pas leur image.

Je mesure mon évolution

Vous connaissez à présent les étapes nécessaires pour reprendre confiance en vous. Cette quête doit s'inscrire dans **le plaisir et la régularité**.
C'est en réitérant cette attention, jour après jour, que nous éprouvons de la satisfaction et ressentons progressivement les bienfaits qui en découlent. Prenez quelques minutes pour vous interroger sur les étapes qu'ils vous restent à parcourir pour pouvoir enfin ressentir **la quintessence** de votre être.

01 Quelles connaissances avez-vous apprises ou consolidées ?

03 Acceptez-vous certains de vos défauts ?

02 Avez-vous une plus forte estime de vous ?

04 Avez-vous conscience de vos forces ?

06 Qu'allez-vous faire pour vous sentir mieux dans votre peau ?

05 Comment comptez-vous améliorer votre apparence ?

07 Quelles affirmations allez-vous répéter chaque jour ?

09 Qu'allez-vous faire si une personne vous critique ?

08 Quels scripts avez-vous écrit pour améliorer vos relations ?

10 Vous sentez-vous plus confiant ?

Mon plan d'action

Il est temps à présent de créer votre plan d'action.

Définissez **3 objectifs prioritaires** à mettre en place pour les jours à venir, en prenant en compte les concepts abordés cette semaine. Ne l'oubliez pas, seule l'action vous conduira au succès.

OBJECTIF 01

LISTE DES TÂCHES

- ☐ _____
- ☐ _____
- ☐ _____

OBJECTIF 02

LISTE DES TÂCHES

- ☐ _____
- ☐ _____
- ☐ _____

OBJECTIF 03

LISTE DES TÂCHES

- ☐ _____
- ☐ _____
- ☐ _____

Se construire
une vie
sur mesure

ÉTAPE 3 : ACTION

Développer une stratégie gagnante

Nous sommes nombreux à vouloir prendre un nouveau départ ou à changer d'orientation pour **échapper à la morosité de notre vie**.

Nous nous réveillons chaque lundi matin, plein de bonne volonté et pourtant chaque dimanche, force est de constater que, nous n'avons pas avancé.

Bien sûr, nous pouvons nous trouver de nombreuses excuses : le manque de temps, d'énergie, de moyens...

Mais qu'en est-il vraiment ? Voici 3 éléments de réponse :

1. Lors de mes séances de coaching, je réalise souvent que mes clients n'ont pas défini leur "grand rêve". Être animé par un rêve, vous permet de vibrer mais aussi de fournir les efforts nécessaires pour le concrétiser, coûte que coûte.
2. Ils ne savent pas ce qui est vraiment important pour eux. En décryptant **vos valeurs fondamentales**, vous détiendrez le fil rouge de votre histoire personnelle. Vous comprendrez mieux ce qui vous anime et pourquoi.
3. Enfin, même s'ils sont nombreux à faire des listes d'objectifs, ils n'arrivent pas à s'y tenir car ils ne maîtrisent pas les principes de la planification stratégique. En apprenant des techniques simples, vous allez mettre en place **votre plan de vol** et vous ne quitterez plus vos objectifs des yeux.

 Si vous ne savez pas où vous allez, vous pourriez vous retrouver ailleurs. – Yogi Berra.

Cette partie du programme est la plus intéressante selon moi, car elle permet d'obtenir des résultats concrets et de **transformer votre vie en profondeur**.

Ne soyez pas effrayé par l'aspect scolaire de ce chapitre, je vous assure que nous allons conjuguer **plaisir et performance**, tout en subtilité.

La planification stratégique est l'alliée de votre épanouissement.

Grâce à elle, vous allez :

- Apporter une contribution significative et utile à votre vie.
- Construire des objectifs qui gagnent.
- Prendre des décisions qui auront un impact positif pour votre avenir.
- Accroître votre niveau de performance.
- Découvrir comment reprogrammer votre boussole interne.
- Équilibrer les différents domaines de votre vie et bien plus encore...

LA VIE

CE N'EST PAS SOUHAITER

ÊTRE QUELQU'UN D'AUTRE

C'EST AIMER QUI VOUS ÊTES

ET VOUS AMÉLIORER

EN PERMANENCE...

- HAL ELROD

Reprogrammer votre boussole interne

Aujourd'hui, je vous propose de vous plonger au cœur de vos racines et d'identifier **vos valeurs fondamentales**.

Nous sommes tous différents et la source de nos différences se révèlent à travers nos valeurs. Parfait, me direz-vous, mais à quoi servent-elles ?

Une valeur est une «idéologie» qui exprime ce qui est **profondément important pour vous**. La justice, le respect, la famille par exemple, sont des valeurs, qui influencent votre vie.

Vos valeurs fondamentales **vous guident dans vos choix**, comme une **"boussole interne"**. Elles vous indiquent, **si vous êtes dans la bonne direction, au bon endroit, avec les bonnes personnes**.

Elles jouent donc un rôle, très important, dans votre changement de vie. Quand vous devez prendre une décision, demandez-vous toujours **si vos choix sont en ligne avec vos valeurs** ! Cela vous permettra de savoir si vous êtes sur la bonne voie. Être en accord avec ses valeurs est gage de bien-être et d'équilibre.

En clarifiant vos valeurs, vous allez établir **"la carte"** à suivre pour être aligné à votre socle identitaire et définir votre **"feuille de route"**.

L'IMPORTANCE DE
vos valeurs fondamentales

La plupart d'entre nous ne connaissent pas leurs valeurs. Nous suivons ce que les médias, notre culture et notre société valorisent. C'est pourquoi, je trouve ce travail prioritaire. En identifiant vos valeurs, vous allez vous créer votre propre **cadre de référence**. Prenez quelques instants et regardez ce que vous indique votre boussole.

LE CONSEIL
du jour

Déterminez les valeurs qui ont **du sens dans votre vie**.
Notez dans votre journal les 5 valeurs les plus importantes, à vos yeux.

135

Placez vos valeurs au centre de votre vie

Vos idéologies vous informent sur la façon dont vous menez votre vie et vous aident à comprendre vos comportements.

Dans votre vie privée, vos valeurs sont à l'origine de vos affinités que ce soit dans vos relations amicales, amoureuses ou familiales. Il est avéré que nous avons tendance à nous rapprocher de personnes qui partagent nos valeurs.

Au travail, vos valeurs sont des principes directeurs car elles vous aident à :
- Choisir les bonnes méthodes de travail.
- Vous entourer des bons partenaires.
- Prendre les bonnes décisions.
- Faire les bons choix de carrière.

Malheureusement, la plupart des individus n'utilisent pas leurs valeurs à bon escient. Cependant, elles refont souvent surface lors des moments difficiles, pour leur rappeler, ce qui compte vraiment dans leur vie.

Accordez-leurs une place de choix

Identifier vos valeurs n'est qu'une étape. Pour faire entrer le bonheur et le succès dans votre vie, il faut qu'elles prennent littéralement **racine en vous**. Il est important de noter que même si vos valeurs, vous sont propres, elles n'ont pas pour but de rester enfoui au fond d'un tiroir !

Outre le fait qu'elles vous servent de guide, de boussole interne, vous devez vous les approprier et **les incarner**. De surcroît, communiquer sur vos valeurs permettra aux autres de mieux vous connaitre.

Voici 2 anecdotes qui devraient vous inciter à les partager :

- Une de mes amies me dit un jour, qu'elle a quitté son conjoint après un an de relation car ils ne partageaient pas les mêmes valeurs. Elle ne lui en avait pas parlé avant car elle avait peur de le perdre. *En se montrant sous son vrai jour, sa relation aurait certainement pris une autre tournure.*

- Un ami avocat quant à lui, me dit qu'il ne supporte plus de défendre des "voleurs". *Après plusieurs années, il s'est rendu compte que ses valeurs (la justice et la vérité) étaient en désaccord avec son choix de carrière.*

Soyez fier de vos valeurs car elles font parties de votre identité. Essayez de ne pas vous investir, dans une relation ou une carrière, **en désaccord avec vos valeurs**. Cela peut engendrer un déséquilibre et de nombreuses souffrances. Si tel est le cas, il est toujours temps de changer de cap. Rien n'est jamais figé dans la vie !

L'importance de vos valeurs

En connaissant vos valeurs, vous aurez également, une vision beaucoup plus claire de **votre intégrité personnelle**.

- Vous allez pouvoir évaluer chaque opportunité, chaque objectif à travers le prisme de vos valeurs et savoir ce qui est bon pour vous.
- En utilisant vos valeurs comme boussole morale, vous vous sentirez en sécurité et plus confiant, car vous serez en accord avec vous-même.
- Vous serez plus disposé à passer à l'action.
- Vous serez capable de gérer des situations complexes et des relations délicates.

SECRET DE RÉUSSITE N°15

Seul **l'effort, l'engagement et la détermination**
peuvent enrichir votre vie.

À présent, **posez-vous ces questions décisives** :

- Quelles valeurs sont essentielles à ma vie ?
- Quel environnement de travail me convient le mieux ?
- Mes proches partagent-ils mes valeurs ?
- Mon projet me permettra-t-il de me rapprocher de mes valeurs ?
- Comment orienter mes objectifs pour qu'ils soient alignés avec mes valeurs ?

Nous allons compléter vos réponses dans cette séance, mais il est essentiel de répondre à ces questions au préalable. Je vous fais confiance !

IDENTIFIER VOS
valeurs personnelles

En tant que coach de carrière, j'apprécie **le pouvoir des valeurs car elles soulignent ce que nous défendons**. Si vous vous sentez en harmonie avec vos valeurs, alors vous savez que vous pouvez accomplir de grandes choses. Le théoricien **Milton Rokeach** nous indique que "la fonction ultime des valeurs est de nous fournir un ensemble de normes, pour nous guider dans tous nos efforts et satisfaire nos besoins". J'ai compilé une liste de 80 valeurs. Choisissez dans ce tableau, celles qui vous définissent le mieux.

Vos valeurs fondamentales

Abondance	Détermination	Honnêteté	Reconnaissance
Accomplissement	Discipline	Honneur	Responsabilité
Altruisme	Droiture	Hospitalité	Respect
Ambition	Éducation	Humanité	Réussite
Amitié	Égalité	Indépendance	Richesse
Amour	Engagement	Indulgence	Sagesse
Argent	Entraide	Intégrité	Savoir
Autonomie	Équité	Justice	Sécurité
Aventure	Espérance	Liberté	Sérénité
Bien-être, santé	Éthique	Loyauté	Sincérité
Bienveillance	Excellence	Mérite	Solidarité
Bonheur	Famille	Morale	Spiritualité
Bonté	Fiabilité	Obéissance	Succès
Charité	Fidélité	Ordre	Tempérance
Compassion	Franchise	Paix	Ténacité
Confiance	Fraternité	Pardon	Tolérance
Courage	Générosité	Partage	Tradition
Devoir	Gentillesse	Performance	Travail
Dévotion	Gratitude	Plaisir	Vérité
Dignité	Harmonie	Pouvoir	Volonté

Témoignage de votre coach

Je souhaiterais vous faire part d'une de mes expériences, dans le témoignage du jour.

J'ai commencé mon parcours en tant que chasseuse de tête. Ce poste me collait véritablement à la peau. J'adorais me mettre dans la peau de l'inspecteur Columbo pour dénicher de nouveaux talents. La particularité de ce métier est de trouver des personnes qui sont déjà en poste et de leur proposer une opportunité plus alléchante. À la différence du recruteur qui accepte les candidats en recherche d'emploi, la mission est plus complexe, car le client vous paye pour débaucher uniquement, un talent d'un de ses compétiteurs.

Vous devez alors faire preuve d'imagination pour être mis en contact avec votre "cible". Au début, je voyais mon métier comme un jeu, le client me donnait un indice, comme par exemple : « Nous avons besoin du Directeur Marketing de la boîte "Star" » et je devais trouver un moyen de m'infiltrer par téléphone, au sein de l'organigramme de cette entreprise.
Comme un détective privé, je devais arriver à contacter la personne que je désirais atteindre.

J'étais animée par ce métier, à tel point que mon patron m'a offert au bout de quelques mois, une belle promotion et a voulu que je forme les autres membres de mon équipe. Et c'est là, que j'ai pris conscience, que le jeu n'en valait pas la chandelle !

En réalisant les différents scripts que j'utilisais régulièrement pour passer le barrage du standard et de la secrétaire, j'ai réalisé que je passais mon temps, à mentir à tous mes interlocuteurs.
En effet, pour ne pas éveiller les soupçons dans l'entreprise, je me faisais passer pour une journaliste qui devait faire un article pour un grand magazine par exemple, sans quoi, aucune secrétaire ne me laissait parler à la personne que je voulais contacter.

139

Lors de mes journées, je devais déployer des trésors d'imagination pour atteindre ma cible et ensuite le convaincre de me rencontrer.

Cette dernière partie était plutôt facile car le poste que je proposais présentait toujours de nombreux avantages : rémunération et responsabilités plus élevées...

Mais en faisant le point, je me suis rendu compte que je trahissais mes valeurs intrinsèques : l'honnêteté, la vérité, la justice, la morale notamment. Bien sûr, le poste le justifiait d'une certaine manière. "Nous sommes des chasseurs, m'avait répété mon patron, nous devons donc tout mettre en oeuvre, pour trouver le candidat idéal". Peut-être, mais cela ne correspond pas à la personne que j'étais au plus profond de mon être.

Quand j'ai pris conscience de cette réalité, je me suis dit, que je devais passer à autre chose, car je ne me sentais pas à l'aise avec un poste aux antipodes de mes valeurs personnelles.

Initialement, j'avais choisi de m'orienter dans les Ressources humaines pour aider les autres. C'est la raison pour laquelle, j'ai décidé d'accepter un autre poste très rapidement.

À retenir

Je n'ai jamais regretté mon choix, car même si ce poste était plutôt drôle en apparence, il ne me correspondait pas.

Mes valeurs m'ont donc guidé **sur la voie** qui était faite pour moi et il en sera de même pour vous.

Ne mettez pas vos valeurs en sourdine, exploitez-les au maximum !

Je sonde mes valeurs

Pour réaliser notre exercice du jour, privilégiez un lieu calme et confortable. Choisissez si possible un horaire qui favorise votre concentration.

1- Pour vous aider à déterminer la palette complète de vos valeurs, vous pouvez vous poser les questions suivantes :

- Quels sont les 5 mots qui vous décrivent et vous définissent le mieux ?
- Si je rencontrais un de vos amis dans un café, que me dirait-il sur vous ?
- Quelles valeurs représentent votre façon d'être et de vivre ?
- Quelles qualités recherchez-vous dans vos relations ?
- Quels sont les défauts que vous ne supportez pas chez les autres ?
- Quelles causes défendez-vous ?

2- Relisez ensuite le tableau de la page 138 et cochez toutes celles qui résonnent en vous.

3- Regroupez vos valeurs par thème et choisissez-en 10 au maximum et triez-les par ordre d'importance.

4- Vous connaissez l'adage : "Qui se ressemble, s'assemble", nous allons nous en inspirer pour déterminer, si vos proches partagent vos valeurs fondamentales. Choisissez 5 personnes de votre entourage. Demandez-leur de compléter le tableau et comparez vos résultats. Surprise garantie !

5- Pour conclure, place à l'introspection. Posez-vous ces dernières questions :

- Comment faire pour vivre pleinement en accord avec vos valeurs ?
- Êtes-vous fier de vos valeurs ? Êtes-vous prêt à les défendre ?

Vous avez des ressources insoupçonnées. Poursuivez vos efforts.

"

LE BONHEUR

N'EST PAS UNE QUESTION D'INTENSITÉ, MAIS PLUTÔT D'ÉQUILIBRE ET D'HARMONIE.

- THOMAS MERTON

Équilibrer votre vie pro et perso

Nous sommes sollicités en permanence et nous laissons trop souvent **notre emploi du temps gérer notre vie**. Le résultat est sans équivoque, nous nous sentons épuisés, stressés et frustrés.

Je vous l'accorde, la vie est vraiment **un exercice d'équilibriste** et nous sommes toujours, à deux pas de tomber. Nous essayons constamment d'aller de l'avant avec nos projets, tout en essayant de maintenir l'équilibre entre les différents domaines de notre vie, mais dès qu'un aspect sollicite du temps et de l'investissement, nous mettons de côté les autres domaines. C'est naturel, mais **ce n'est pas une fatalité**. Vous pouvez équilibrer votre vie personnelle et professionnelle, si vous le désirez !

Nous allons aujourd'hui **identifier**, **définir et développer** les 8 domaines majeurs de votre vie, pour que vous ressentiez de l'harmonie et plus de sérénité.
C'est seulement en découvrant toutes les possibilités qui s'offrent à vous, que **vous allez pouvoir vivre à 100%** la vie de vos rêves.
Êtes-vous prêt à vivre votre existence **au maximum** ?

Votre bilan

Pour entamer votre réflexion et faire le point sur votre équilibre général, je vous invite à prendre une photographie de votre vie à l'instant "T".
Pour cela, il vous suffit de valider les phrases qui correspondent à votre situation actuelle.

Je me sens très souvent épuisé à la fin de la journée.

Je suis débordé, ma liste des tâches est aussi grande que la tour Eiffel.

Je ne consacre pas suffisamment de temps pour moi.

Je dépense tout mon argent, chaque mois.

Je me consacre exclusivement à mes enfants au détriment de mes amis.

J'achète des livres de développement personnel, mais je ne les lis pas.

Je privilégie ma vie privée à ma carrière ou inversement.

Je ne me sens pas en harmonie avec mes attentes de vie.

Je ne prends pas soin de ma santé.

J'aimerais changer de cadre de vie, mais je ne franchis pas le cap.

Je dois rééquilibrer mon alimentation, mais je n' y arrive pas.

Je prends des résolutions chaque lundi, et dès le mardi, je m'avoue vaincu.

Je n'arrive pas à faire du sport chaque semaine.

Je suis frustré par de nombreux domaines de ma vie.

Pour savoir où vous en êtes, rien de plus simple, plus vous avez validé d'affirmations, plus vous souffrez d'un déséquilibre dans votre vie et inversement.

ANALYSER VOS
8 domaines de vie

À présent, je vous propose d'évaluer les domaines qui comptent le plus à vos yeux et pour lesquels vous consacrez le plus d'énergie (au détriment des autres). Même s'il n'est pas réaliste d'investir le même temps, dans chaque domaine de votre vie, il est important d'identifier ceux qui sont essentiels à votre épanouissement.

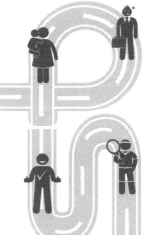

01 — **Famille amis**
Quels sont vos rapports avec votre famille et vos amis ?

02 — **Vitalité santé**
Comment prenez-vous soin de votre santé ? Pratiquez-vous du sport régulièrement ?

03 — **Amour couple**
Comment sont vos rapports avec votre conjoint ? Êtes-vous comblé ?

04 — **Développement personnel**
Accordez-vous du temps à la formation, au développement personnel ?

05 — **Carrière activité**
Êtes-vous enthousiaste, motivé, satisfait de votre carrière ?

06 — **Loisir bien-être**
Consacrez-vous suffisamment de temps à vos passions, vos hobbies, chaque semaine ?

07 — **Lieu de vie maison**
Aimez-vous votre cadre de vie, votre maison, votre quartier, votre ville ?

08 — **Finance gestion**
À quoi ressemble vos finances ? Êtes-vous satisfait de votre situation financière ?

Évaluez votre vie

Se regarder tel que nous sommes et comment nous investissons notre temps est **une étape charnière** lors d'un changement de vie.

Si vous réalisez que vous vous consacrez uniquement à vos enfants, ou à votre carrière, ne culpabilisez surtout pas. Les super héros existent uniquement dans les films. Dans la vraie vie, nous n'avons pas le don d'ubiquité.

MAIS, nous disposons pourtant d'**un "pouvoir" extrêmement puissant**, celui de **choisir**. Vous avez fait le choix de changer, de vous engager dans ce programme en pleine conscience, vous pouvez donc choisir, de vous investir dans les domaines de votre vie qui ne peuvent être laissés à l'abandon plus longtemps.

Dans l'exercice du jour, vous allez découvrir une solution pour **reprendre les rênes et harmoniser votre vie**.

 Mettre tout en équilibre, c'est bien. Mettre tout en harmonie, c'est mieux. – Victor Hugo.

Comment rétablir l'équilibre ?

Beaucoup de mes clients, me demandent s'il existe **des astuces**, pour retrouver cet équilibre, tant recherché.

Personnellement, je suis convaincue que la réponse se trouve, dans votre coeur ! Lui seul, sait ce qui vous apaise, vous fait du bien et vous inspire. En vous interrogeant, vous vous sentirez attiré dans une direction.

Il faudra ensuite, vous demander comment améliorer les domaines que vous avez mis de côté jusqu'à aujourd'hui.

Pourquoi est-ce si important ?

Nous sommes des êtres complets et dans notre quête du bonheur, nous avons besoin de nous épanouir dans le plus de domaines possibles.

Comme je vous l'ai dit aujourd'hui en introduction, nous sommes souvent dépassés par les tâches du quotidien, parce que **nous voulons gérer notre temps, au lieu de nous gérer nous-même**.

Nous sommes nombreux à faire des listes, à dresser des objectifs, à planifier des créneaux dans nos agendas. Mais nous oublions qu'il faut, avant tout, apprendre à nous responsabiliser et savoir ce que nous devons faire pour améliorer nos conditions de vie.

Comment atteindre le juste équilibre ?

Nous disposons seulement, de 24 heures par jour, et notre énergie fluctue au fil de la journée. Certains vous diront de réduire votre temps de sommeil pour pratiquer une activité sportive ou vous adonner à la méditation. Même si je suis adepte de ces méthodes, c'est à vous de savoir, ce qui est bon pour vous.

SECRET DE RÉUSSITE N°16

Prendre conscience de **la réalité de votre vie**
est **le point de départ** de toute action.

Quel que soit votre choix, vous devez **faire un arbitrage** ; **allouer du temps** à des domaines et **en soustraire** à d'autres. Mais attention, montrez-vous patient et cohérent ! Cela ne servira à rien de vous lancer dans la décoration de votre maison, pendant un mois, si vous mettez en sommeil, tout le reste. Vous allez devoir **doser vos efforts et évaluer vos résultats** régulièrement. Avant d'aborder notre exercice du jour, voici quelques conseils :

- Ne négligez aucun domaine. Nous abandonnons souvent des domaines par manque de motivation, pour le regretter quelques années plus tard !
- Comblez vos lacunes en allant sur les blogs, les forums ou les vidéos (youtube). Nous disposons aujourd'hui d'un large éventail d'outils pour nous aider à améliorer de nombreux domaines (finance, immobilier, couple...). Il ne tient qu'à vous de mettre à jour vos connaissances.
- Demandez de l'aide autour de vous. Votre amie Carlina fait du sport, sollicitez son soutien. Elle vous donnera les bons conseils !

Je monte sur la grande roue

Pour notre exercice du jour, je vous donne rendez-vous sur un manège.
Vous allez faire un tour de grande roue. Ce travail de **rééquilibrage** va
transformer votre vie en profondeur. Montez vite !

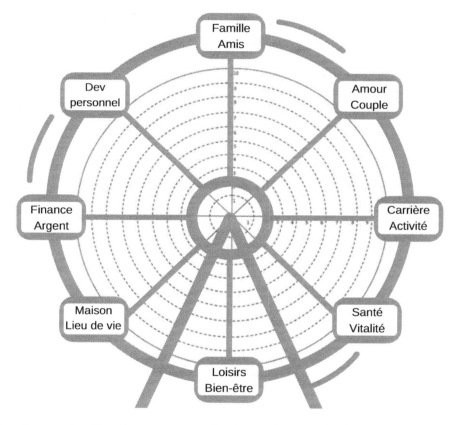

1- Situation actuelle : Prenez un stylo de couleur et évaluez votre niveau de
satisfaction pour chaque domaine. *Par exemple : Si vous êtes heureux en
famille attribuez un 9 à ce domaine. Si vous ne vous sentez pas au top de
votre forme, donnez la note de 5 à la santé.* Reliez les points entre eux.
Est-ce que vous êtes à l'équilibre ? Votre roue est-elle bien ronde ?

2- Situation idéale : Projetez-vous et imaginez les résultats que vous
pourriez obtenir, si vous travaillez sur **les domaines en carence**.
Répétez l'exercice en utilisant un stylo d'une autre couleur et reliez à
nouveau les points entre eux. Quelles mesures pourriez-vous prendre dès
aujourd'hui pour que votre vie soit à son apogée ?

> **"**
>
> L'AVENIR **APPARTIENT** À CEUX QUI CROIENT À LA BEAUTÉ DE LEURS RÊVES.
>
> - ELEANOR ROOSEVELT

Passer du rêve à la réalité

Connaissez-vous votre **grand rêve** ? Avez-vous réalisé vos rêves d'enfant ? Ces questions sont déterminantes pour votre avenir. C'est pourquoi, je me suis donnée pour mission aujourd'hui, de vous **réapprendre à RÊVER** ! Nous allons partir à la découverte de vos rêves qui sont l'expression de vos désirs absolus.

Mais avant de poursuivre, apportons quelques définitions.

- Un grand rêve est un souhait "fabuleux", une aspiration profonde. **C'est avoir une vision audacieuse de l'avenir**.
- Qu'il soit grandiose ou exaltant, un grand rêve fait ressortir le meilleur de nous-même. Nous nous sentons **pousser des ailes** et nous mettons toute notre créativité et nos talents au service de cette quête.
- Rêver c'est se sentir **libre** et faire ce que nous aimons le plus au monde. C'est l'espoir de mener **une vie hors du commun**.

Êtes-vous prêt à vous lever le matin gorgé de passion, prêt à courir après vos désirs pour être pleinement heureux ? Alors, cap sur vos rêves !

LES 3 COMPOSANTES
de votre grand rêve

Votre grand rêve, vos objectifs de vie sont des indicateurs de ce qui vous fait vibrer dans la vie. Pour définir votre **monde idéal**, rien de plus simple. Répondez à cette question : Si vous pouviez exaucer vos rêves les plus fous, qu'aimeriez-vous **être**, **vivre** ou **accomplir ?**

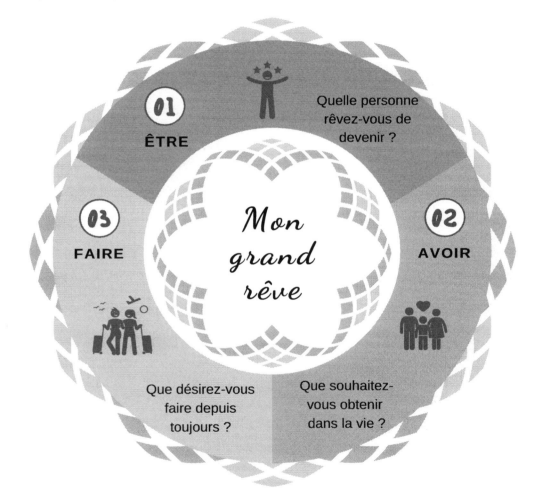

01 ÊTRE — Quelle personne rêvez-vous de devenir ?

02 AVOIR — Que souhaitez-vous obtenir dans la vie ?

03 FAIRE — Que désirez-vous faire depuis toujours ?

Mon grand rêve

LE CONSEIL *du jour*

La première étape pour définir votre grand rêve est de **savoir précisément ce que vous recherchez** actuellement dans la vie. Désirez-vous, vous marier, fonder une famille, posséder une maison ? Posez-vous les bonnes questions !

L'importance des rêves

Le cerveau d'un enfant croit en **la magie**. Il perçoit le monde comme un éventail infini de possibilités. Quand vous les interrogez sur ce qu'ils veulent faire plus tard, ils ne se posent aucune limite. Pour eux, tout est possible !

Pourtant, une étude américaine récente, parue dans la revue Social Forces révèle que **seulement 6%** des adultes font le métier dont ils rêvaient enfant. Mais pourquoi avons-nous donc arrêté de croire en nos rêves ?
À quel moment avons-nous cessé de croire en la magie ?

Permettez-moi de vous faire une confidence. Il y a 10 ans, je pensais que les rêves ne pouvaient pas devenir réalité.
Il me semblait que les gens qui rêvaient les yeux ouverts, étaient des utopistes. Bref, j'avais enfoui mes rêves dans une cachette secrète, dont j'avais perdu la clef.

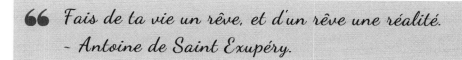

66 *Fais de ta vie un rêve, et d'un rêve une réalité.*
– Antoine de Saint Exupéry.

Mais un jour, je découvre **Oscar** et ma vie a pris **un nouvel élan**. J'ai pris conscience que, si je désirais quelque chose, il fallait que je l'imagine d'abord en détail dans mon esprit, pour qu'elle se matérialise ensuite.
Mais qui est cet Oscar ? Non, il ne s'agit pas d'un amoureux, même si j'ose l'avouer, j'éprouve beaucoup de reconnaissance envers lui, car il a été le **déclencheur** de ma nouvelle vie. Je ne vais pas vous tenir en haleine plus longtemps. J'imagine d'ailleurs, que certains d'entre vous, ont mis en route leur talent de détective privé et ont déjà trouvé la réponse.
Je parle du célèbre écrivain Oscar Wilde, qui est l'auteur de **mes 2 citations préférées** :

- « Il faut toujours viser la lune, car même en cas d'échec, on atterrit dans les étoiles ».
- « La sagesse, c'est d'avoir des rêves suffisamment grands, pour ne pas les perdre de vue lorsqu'on les poursuit ».

Quand j'ai découvert ces 2 magnifiques conseils, je me suis dit qu'il était temps de poursuivre mes rêves. Déjà enfant, je voulais devenir orthophoniste pour soigner, aider et soulager les enfants en difficulté.
Aujourd'hui, mon rêve est devenu réalité, car à travers mes séminaires, mes programmes de coaching et ce livre à présent, je vous accompagne dans votre chemin de vie.

Comment réaliser ses rêves ?

Quand je pose cette question, de nombreuses personnes restent sans réponse. Permettez-moi de tirer la sonnette d'alarme. Comment acceptez-vous de vivre une vie sans rêve, sans fantaisie et sans paillette ?
Votre route ne doit pas être prédéterminée. Vous devez être dans les starting-blocks chaque matin pour partir à la conquête de vos rêves !

SECRET DE RÉUSSITE N°17

Arrêtez d'attendre le moment idéal pour poursuivre vos rêves.
Si vous voulez des résultats, **vous devez agir**, **dès maintenant**.

Voici quelques conseils pour transformer vos rêves en réalité :

- **Croyez en vos rêves.** Pour les réaliser vous devez avoir la conviction intime, que tout est possible.
- **Passez à l'action.** Chaque réalisation vous rapproche de votre rêve. Rentrez dans une dynamique constructive et relevez vos manches.
- **Planifiez vos engagements**. Définissez des délais et des jalons à atteindre. Ne laissez pas vos rêves vous échapper.
- **Ignorez les briseurs de rêves**. Il y aura toujours des personnes pour juger vos actes. Restez focalisé sur votre route (cf schéma jour n°1).
- **Cultivez un esprit de gagnant**. Quoi qu'il se passe, vous devez garder à l'esprit que votre succès est imminent.
- **Gardez le rythme**. Vous devez conserver votre engouement et maintenir votre élan, jusqu'à la matérialisation de votre rêve.

Témoignage de Julie

Julie est juriste. Elle vient me voir après un burn-out et me demande de l'accompagner pour faire un bilan de carrière.

Pour comprendre l'origine de son burn-out, qui se traduit en général par un épuisement (physique, émotionnel et mental), j'oriente mes questions vers un domaine plus personnel et l'interroge sur ses rêves.

Elle me répond qu'elle ne rêve plus, depuis des années et que cela ne sert plus à rien, à son âge. Je précise qu'elle n'a que 32 ans !

Après quelques séances, elle prend conscience que **son burn-out est un signal d'alarme**, qui révèle un mal-être plus profond.
Elle me dit à demi-mot, qu'il lui manque quelque chose de fondamental dans sa vie : L'amour.
En effet, elle a mis toute son énergie dans sa carrière au détriment de sa vie privée.

Pour lui permettre de définir ses attentes, nous réalisons ensemble l'exercice de la grande roue, que vous avez fait hier...
Puis, dans un second temps, je lui demande de me décrire ses rêves les plus fous. Mais là, toujours rien. Julie n'arrive plus à rêver.

Elle réalise rapidement, qu'elle s'est enfermée dans **un rôle de composition**, celui d'une adulte responsable, où les rêves n'ont plus leur place.

Mais comme je ne m'avoue jamais vaincue, je sors une arme secrète et lui propose d'y réfléchir le temps d'un week-end.

À savoir

Je lui demande de réaliser une **"bucket-list"** appelé également "**liste d'envies"**.

Pour ceux qui ne connaissent pas cet exercice, il s'agit de faire une liste des 100 choses que vous désirez faire, avant la fin de votre vie : sauter en parachute, aller faire une expédition....

Cette liste agit comme **la promesse d'un échappatoire** à la vie quotidienne, dotée d'un sentiment d'urgence. En effet, elle est le symbole d'une existence plus joyeuse car vous êtes animé par le désir d'honorer "absolument" tous vos projets, avant de mourir.

La vie de Julie s'est littéralement transformée grâce à sa "bucket list". À chaque rdv de coaching, elle se sentait revivre. Sa liste qui au début ne comportait qu'une dizaine de "projets-rêves" s'est vue s'allonger au fil des mois. Quelques années plus tard, j'ai reçu une carte postale de Julie et de son mari devant le Corcovado au Brésil. Elle venait de réaliser son plus grand rêve !

Qu'ils s'agissent de rêves ou de liste d'envies, nous ferons tous face à des déceptions. Mais imaginez à quoi ressemblerait votre vie sans espoir, sans magie ?

Le succès ne peut s'apprendre qu'en trébuchant. N'oubliez jamais, qu'il ne peut y avoir de victoire, sans défaite. Il est donc impossible d'apprécier le succès, sans avoir au préalable, compris ce que signifie l'échec.

Pour faire de vos rêves une réalité, vous devrez vous montrer persévérant. Profitez de l'aventure que la vie nous propose, restez déterminé et rappelez-vous que l'avenir, est le résultat de vos actions, dans le présent.

Je vois la vie en rose

Je vous invite à répondre à ces questions et à classer vos réponses dans le tableau (page suivante). Certaines vous ont déjà été posées. Cela fait partie du processus du programme (plus vous avancez, plus vos idées s'éclaircissent). Ne vous formalisez pas, prenez juste le temps d'y répondre.

- À quoi ressemble votre vie idéale ? Quelle est votre journée de rêve ?
- Que feriez-vous s'il ne vous restait que 3 mois à vivre ?
- Quand vous serez à la fin de votre vie, qu'aimeriez-vous avoir réalisé ?
- Quelles études choisiriez-vous si vous pouviez recommencer à zéro ?
- Quel est le travail ou l'activité de vos rêves ?
- Qu'est-ce qui éveille votre curiosité ? Qu'est-ce qui vous motive ?
- Que feriez-vous si vous pouviez tout changer dans votre vie ?
- Quelles compétences désirez-vous apprendre ou maîtriser ?
- À quoi aimeriez-vous ressembler physiquement ? Et pourquoi ?
- Quels sont vos plus grands regrets ?
- Quels étaient vos rêves d'enfant ? À quel métier rêviez-vous ?
- Combien d'argent aimeriez-vous gagner pour vivre confortablement ?
- Pour quels évènements éprouvez-vous de la gratitude ?
- Quelles passions aimeriez-vous avoir ?
- Comment pourriez-vous transformer vos passions en travail ?
- Qu'aimeriez-vous qu'il se produise de magique dans votre vie ?
- Que pourriez-vous mettre en oeuvre pour réaliser vos rêves ?

Poursuivez vos rêves jusqu'au dernier.

Mon grand rêve

Choisissez les rêves que vous désirez accomplir dans les mois à venir.
Classez vos réponses sous les thèmes ÊTRE, AVOIR et FAIRE.
Définissez une priorité, un délai de réalisation et indiquez les bénéfices que vous allez récolter.

★ PRIORITÉ	♥ MES DÉSIRS	🏆 BÉNÉFICES	📅 DÉLAIS
ÊTRE			
01			
02			
03			
04			
05			
AVOIR			
01			
02			
03			
04			
05			
FAIRE			
01			
02			
03			
04			
05			

**LE SUCCÈS
N'EST PAS DÉFINITIF,
L'ÉCHEC N'EST PAS FATAL.
C'EST LE COURAGE
DE CONTINUER QUI COMPTE.**

- WINSTON CHURCHILL

Emprunter le chemin du bien-être

Nous considérons souvent le bien-être sur le plan de la santé physique, mais en réalité, il regroupe **4 domaines : mental, émotionnel, physique et spirituel**.

Chacune de ses dimensions contribuent au sentiment de plénitude, d'épanouissement et de bonheur que nous recherchons tant.
Elles agissent comme **des vases communicants**. Nous devons donc leur accorder **une attention particulière** et prendre soin des 4 en parallèle pour être pleinement heureux. Car si vous faites l'impasse sur le sport, ou l'aspect émotionnel par exemple, vous manquez d'énergie, vous vous sentez stressé et au fil du temps, les autres domaines seront affectés.

Bien que nous sachions ce qui est bon pour nous et ce que nous devons faire précisément dans de nombreux domaines : bien dormir, maîtriser nos pensées négatives, pratiquer une activité physique, nous avons tendance à ne pas nous en soucier, tant que nous ne sommes pas rappelé à l'ordre.
Et si je vous disais qu'accéder au bonheur nécessite seulement une bonne maîtrise de soi !
Vous voulez connaitre la recette ? Ajoutez une **dose de motivation**, une **pincée de nouvelles habitudes** et un **soupçon d'entraînement**...

LE BLASON
de votre bien-être

Beaucoup d'individus ne considèrent vivre qu'à travers le **monde physique** mais pour changer, il faut avant tout, modifier votre **monde intérieur** à savoir la **dimension mentale, émotionnelle et spirituelle**.

Nous l'avons abordé au chapitre 1, nous vivons dans un monde de **causalité** où vos pensées et vos émotions influencent toute votre vie. Si vous désirez être pleinement heureux et en harmonie avec vos nouveaux projets, il faut donc prendre soin des 3 dimensions de votre **monde intérieur**.

01

Apprendre en permanence. Développer de nouvelles connaissances.

02

Ressentir une palette d'émotions. Savoir les gérer et se concentrer sur le positif.

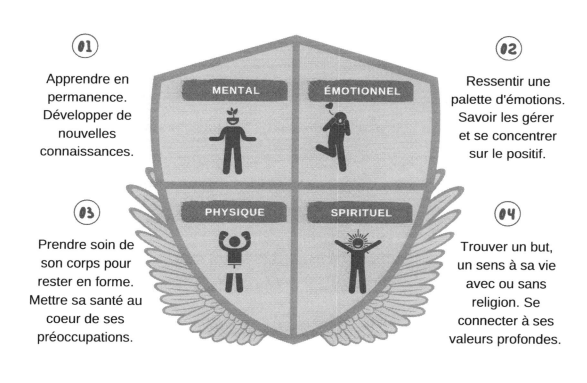

03

Prendre soin de son corps pour rester en forme. Mettre sa santé au coeur de ses préoccupations.

04

Trouver un but, un sens à sa vie avec ou sans religion. Se connecter à ses valeurs profondes.

LE CONSEIL *du jour*

J'ai choisi délibérément de représenter ces 4 dimensions à travers **un blason**, car elles représentent **votre identité**, **votre unicité**. Reprenez ce schéma et notez les mots clés qui vous définissent dans chacune de ces sphères.

LES 4 DIMENSIONS
qui favorisent le bien-être

LES 4 DIMENSIONS
de l'harmonie

Ces 4 dimensions favorisent une bonne harmonie. Elles sont interdépendantes. Il est donc important de prendre en compte notre bien-être dans sa globalité.

Mental

La dimension mentale ou intellectuelle encourage les activités stimulantes et créatives. Notre esprit doit être sollicité et enrichi par un apprentissage permanent. Pour vous sentir bien mentalement vous devez élargir vos connaissances et améliorer vos compétences.

Conseils :
- Lire des revues spécialisées, des livres.
- Suivre des cours, des séminaires.
- Apprendre une langue étrangère.
- Jouer aux échecs ou faire un sudoku.

Émotionnel

Se sentir bien émotionnellement, c'est ressentir des émotions positives de joie et de bonheur, par exemple. C'est être optimiste et avoir confiance en soi.

Conseils :
- Cultiver le pouvoir de la gratitude.
- Avoir un optimisme à toute épreuve.
- Gérer son stress.

Physique

Pour développer un bien-être physique, il faut adopter des habitudes de vie saines.

Cela englobe divers comportements qui favorisent une bonne santé, comme par exemple faire du sport ou avoir une alimentation équilibrée.

Conseils :
- Pratiquer une activité physique régulière.
- Dormir et se reposer si besoin.
- Manger des aliments sains pour être en bonne santé.
- Prévenir les situations à risque et modérer les abus.

Spirituel

Le bien-être spirituel signifie avoir des croyances, des principes et des valeurs qui orientent notre vie vers un but.

Cela se manifeste par un haut niveau de foi, d'espoir ou d'engagement. C'est le fait de chercher un sens à son existence.

Conseils :
- Pratiquer la méditation.
- Écouter son coeur, ses valeurs pour faire les bons choix.
- Vivre dans le moment présent.
- Avoir foi en soi ou en une religion.

Comment faire pour équilibrer ces 4 dimensions ? La réponse est simple : vous allez devoir modifier votre mode de vie et mettre en place de nouvelles routines, en ligne avec vos aspirations. J'imagine que vous avez déjà essayé de changer sans obtenir les résultats espérés. Si tel est le cas, sachez qu'il existe des solutions qui peuvent vos aider. En voici 3 : La connaissance de soi, l'autorégulation et la mise en place de nouvelles habitudes.

La connaissance de soi

Vous devez avoir conscience que votre changement de vie, nécessite de prendre en compte vos comportements et vos besoins. La première étape consiste donc à **étudier vos habitudes**. Listez ce que vous faites au quotidien par automatisme. Ensuite analysez **vos besoins**. Si par exemple vous êtes un oiseau de nuit, il ne sera pas judicieux de planifier une séance de sport aux aurores, car vous savez à l'avance que vous n'y arriverez pas. Pour réussir à insérer des nouvelles routines, vous devez modifier votre vie, à votre rythme, en tenant compte de vos besoins vitaux.

 Tout changement est difficile au début, compliqué au milieu et magnifique à la fin. - Robin Sharma.

L'autorégulation

La solution n°2 est l'autorégulation. C'est votre capacité à contrôler vos émotions et à modifier votre comportement afin de répondre à vos idéaux. Je vais donc vous demander de changer certaines de vos habitudes puis de surveiller et d'évaluer votre progression. Vous allez agir, dans **votre meilleur intérêt**, à court et à long terme, conformément à vos attentes les plus profondes. Pour ce faire, nous allons aborder aujourd'hui, 4 étapes essentielles : définition de votre nouvelle habitude, plan d'action, stratégie anti-rechute et réglage (pour optimiser vos résultats).

Le mécanisme des habitudes

Une habitude est un comportement récurrent, répété de manière inconsciente. Votre cerveau suit automatiquement un schéma en forme de boucle. Pour être plus précise, votre cerveau voit **un signal**, qui lui indique de suivre **une routine** pour obtenir **une récompense**. Prenons un exemple, vous ressentez une émotion négative (le signal), vous allez vous réfugier dans la nourriture en prenant un carré de chocolat (la routine) dans le but de vous apaiser (la récompense).

Comment modifier ses habitudes ?

Nos habitudes ont une place prépondérante dans nos vies. Il faut savoir que **40 %** de nos comportements quotidiens sont répétés, sous forme d'habitude. Des études montrent q'une fois formée, une habitude est **encodée dans notre structure cérébrale** et ne peut **jamais** être vraiment éradiquée, mais seulement être **remplacée** par une habitude **plus forte**. C'est la raison pour laquelle, nous avons tant de mal à nous en séparer. En fait, ce n'est pas juste une question de volonté, il faut recabler notre cerveau pour modifier totalement notre comportement. La bonne nouvelle, c'est que nous avons déjà abordé ce thème. Je vais donc simplement, vous aider à modifier votre mode de vie, étape par étape.

SECRET DE RÉUSSITE N°18

L'heure est aux décisions. Soit, vous décidez de **vous révéler**.
Soit, vous laissez vos habitudes **vous dominer**.

La seule manière de modifier une habitude, est de créer de nouvelles routines. Mais pour que cela fonctionne, il convient de conserver **l'ancien signal,** d'offrir **l'ancienne récompense** et d'insérer **un nouveau comportement.**

Les études nous révèlent qu'il faut en **moyenne 2 mois** pour changer une habitude. Vous allez donc, faire face à **des échecs répétés**. Mais gardez à l'esprit que vos efforts seront récompensés.

En cas de doute, posez-vous ces questions :
"Désirez-vous conserver votre vie actuelle ou attendre **plus** de vous-même ?
Allez-vous vous enliser dans le présent ou **construire votre avenir** ?
Allez-vous vous laisser aller ou **enfin prendre soin de vous** ?"
Rappelez-vous que les choses acquises ne favorisent pas le changement.

Je dessine ma nouvelle vie

L'exercice du jour va se décomposer en deux étapes. Un premier travail sur vos habitudes actuelles et un second sur la mise en place d'un nouveau mode de vie.

1- Vos habitudes actuelles :

- Décomposez **votre journée type** et listez toutes vos habitudes. Prenez soin de noter les heures, les signaux, les routines et les récompenses.
  Exemple : "Je me lève chaque matin à 7h (heure et signal), je branche la cafetière, je bois un premier café (rituel) pour me réveiller (récompense)".
- Parmi cette liste, faites le tri entre les bonnes habitudes (à conserver) et les mauvaises habitudes (à modifier).
  Exemple : Bonnes habitudes : "Je médite tous les matins".
  Mauvaises habitudes : "Je mange des sucreries 3 fois par jour".

2- Vos nouvelles habitudes. Les conseils à suivre :

- **Fixez-vous un horaire** et notez-le dans votre portable en mode **rappel quotidien**. En fonction de vos besoins physiologiques, choisissez une heure qui vous convient le mieux : le matin, le déjeuner ou le soir.
- **Commencez petit**. La meilleure façon de créer une habitude est de commencer par une tache si facile, que vous pouvez la faire même lorsque vous manquez de volonté.
- **Concentrez-vous en premier lieu sur l'habitude**, les résultats viendront plus tard.
- **Notez les bénéfices** qu'elle va vous procurer.
- **Greffez-là à une habitude que vous avez déjà**. Ainsi elle sera **ancrée** dans votre vie de manière durable.

Exemple :

- *Nouvelle habitude* : Je décide de me mettre sérieusement au sport.
- *Bénéfice associé :* Je vais oser me mettre en maillot à la plage, sans être complexée.
- *Ancrage, greffe :* Je vais choisir une application en ligne qui propose des séances de sport, à la demande. Je vais faire des séances de cardio pendant 20 minutes *(petit objectif)* le jeudi et le dimanche *(fréquence)* à 18h avant mon cours d'anglais *(greffe)*.

"

JE NE PERDS JAMAIS.
SOIT JE GAGNE,
SOIT J'APPRENDS.

- NELSON MANDELA

Tracer votre plan de vol

La majorité des gens que je reçois dans mon cabinet, ne se fixent pas d'objectifs. Ils traversent la vie **en pilote automatique**, sans avoir **une visibilité claire** de leur avenir.

Or, pour ceux qui me connaissent déjà à travers les réseaux sociaux ou mes vidéos de coaching, vous savez que "**la clarté donne le pouvoir**".

Pour optimiser vos chances de réussite, vous devez donc :

1. Avoir une direction claire : **vos objectifs**.
2. Tenir une boussole pour garder le cap : **vos valeurs**.
3. Dessiner une carte, une feuille de route : **votre plan de vol**.

N'oubliez jamais qu'il y a **un temps pour réfléchir** et **un temps pour agir**. Pour ne pas laisser vos projets en sommeil et vous démotiver à la moindre difficulté, nous allons aborder aujourd'hui des techniques simples et efficaces pour définir des objectifs atteignables et tracer votre plan de vol.

L'objectif est que vous puissiez **prendre le contrôle du cockpit** !

PLANIFIER ET ATTEINDRE
enfin vos objectifs

Les dirigeants comme les sportifs de haut niveaux ne laissent aucune place à l'improvisation. Pour remporter la victoire, ils savent qu'ils doivent définir **une véritable stratégie de réussite** !

Qu'en est-il pour vous ? À ce stade du programme, avez-vous une idée précise des étapes qu'il vous reste à parcourir pour opérer votre transformation en toute sécurité ?

Pour vous aider dans votre cheminement, je vous propose de nous intéresser à **la méthode SMART**, dont l'efficacité et la notoriété n'est plus à démontrer !

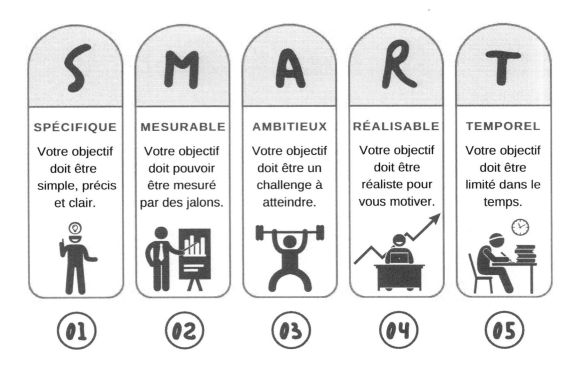

SPÉCIFIQUE	**MESURABLE**	**AMBITIEUX**	**RÉALISABLE**	**TEMPOREL**
Votre objectif doit être simple, précis et clair.	Votre objectif doit pouvoir être mesuré par des jalons.	Votre objectif doit être un challenge à atteindre.	Votre objectif doit être réaliste pour vous motiver.	Votre objectif doit être limité dans le temps.
01	02	03	04	05

LE CONSEIL *du jour*

Pour formuler des objectifs précis, **suivez ces 3 étapes** :
1- Faire un audit de vos souhaits.
2- Connaître les étapes à suivre.
3- Utiliser la méthode SMART.
Plus de précisions à la page suivante.

LA MÉTHODE SMART

Bien sûr, vos objectifs doivent **vous motiver** et susciter un **véritable engagement**. Mais, il est important que vous ressentiez **un sentiment d'urgence** pour passer à l'action rapidement.

Spécifique

Vos objectifs doivent être clairs et précis.

Les objectifs vagues ou généralistes ne sont d'aucune utilité car ils ne fournissent pas une direction précise. N'oubliez pas que vous avez besoin d'objectifs, pour vous montrer **le chemin à suivre**.

Vous pouvez les clarifier en utilisant la méthode QQOQCP : Qui, Quoi, Où, Quand, Comment, Pourquoi ?

Mesurable

Vos objectifs clés doivent pouvoir s'évaluer avec des unités de mesure.

Incluez des montants, des chiffres précis ou d'autres éléments utiles pour mesurer votre degré de réussite. **Les indicateurs de performance** sont indispensables. Sans eux, il vous sera difficile d'évaluer vos progrès ou d'ajuster le tir, si besoin.

Ambitieux

Vos objectifs doivent vous motiver et vous challenger.

Vos objectifs doivent **vous faire rêver**. En y pensant, vous devez ressentir de la joie. Les bénéfices attendus doivent vous permettre de vous motiver et de **vous dépasser.** Gardez à l'esprit que sans ambition, il n'y a pas de challenge et sans challenge, il n'y a pas de **résultats marquants** !

Réaliste

Vos objectifs doivent être réalisables.

Attention, l'ambition ne doit pas être inaccessible. Vos objectifs doivent être réalistes. Vous devez faire un **savant mélange** entre votre ambition et votre capacité à atteindre votre but.

En définissant des objectifs cohérents, vous allez développer la concentration et l'engagement nécessaire.

Temporel

Fixez-vous des objectifs limités dans le temps.

Vos objectifs doivent avoir **une date limite**. Lorsque vous travaillez sur une échéance, votre sentiment d'urgence augmente et la réalisation viendra d'autant plus facilement.

Mettez en place un plan d'action mensuel, trimestriel et utilisez une "fiche-action" par jour. Vous trouverez des modèles à la fin de la séance.

Je constate souvent auprès de mes coachés que le problème, n'est pas de se fixer des objectifs, c'est à la portée de tous, **l'enjeu est de s'y tenir malgré les aléas de la vie..**

- Pourquoi n'arrivons-nous pas à honorer nos résolutions du nouvel an ?
- Pourquoi et comment nos objectifs s'envolent-ils ?
- Quelles sont les raisons qui nous poussent à abandonner nos engagements alors que nous étions si motivés ?

Une des premières explications est notre impatience ! Nous désirons tout changer très rapidement, en un coup de baguette magique. Mais ne voyant aucun résultat sur le court terme, nous nous sentons incapables de tenir la distance et nous abandonnons, sans nous laisser une chance d'avancer.

> 66 *Un but n'est rien d'autre qu'un rêve avec une date limite. - Joe L Griffith.*

Mais le fléau des temps modernes est **la procrastination**.
Ce mot barbare, pour ceux qui le découvre à l'instant signifie : Remettre à demain les tâches que nous pourrions faire aujourd'hui !
Le seul antidote que je connaisse pour avancer, même quand votre moral est à zéro est de poursuivre ses objectifs en visualisant "la terre promise".

Permettez-moi ces 2 rappels :
1. **Nous avons tous la capacité d'obtenir tout ce que nous désirons**, mais il faut accepter de progresser étape par étape.
2. **Le doute est l'ennemi de la réussite**. Vous devez programmer votre cerveau pour rebooster votre motivation au quotidien.
   Soyez **convaincu** par vos objectifs et ayez **la certitude** que vous allez y arriver !

La vie nous réserve de nombreuses surprises et même lorsqu'on a tout planifié, nous pouvons être ralenti par des obstacles, mais cela ne doit en rien vous décourager !
Les indicateurs de performance que vous allez mettre en place, vont vous aider à évaluer votre progression et vous encourager à poursuivre votre route avec entrain.

Les objectifs et la réussite

On me demande souvent des conseils pour créer des objectifs qui "gagnent". Il n'existe pas de formule magique, car chaque objectif est personnel, mais je vous encourage à suivre ces étapes :

1- Planifier :

- Pour vous assurer que vos objectifs soient motivants, notez pourquoi ils sont si **précieux** à vos yeux. Quels bénéfices allez-vous en tirer ?
- Formulez **vos objectifs de manière positive**. Écrivez par exemple : "Je désire augmenter mes revenus" plutôt que "Je ne veux pas réduire mon train de vie".
- Utilisez **des verbes d'action "positifs"**, tels que : améliorer, accroître, développer, augmenter, configurer, valoriser...

SECRET DE RÉUSSITE N°19

Une des clés du succès est l'engagement.

Passez un contrat avec vous-même et ne lâchez rien !

2- Agir :

- Affichez vos objectifs dans des **endroits visibles.** Collez-les sur la porte de votre chambre, au dessus de votre bureau, sur le réfrigérateur pour avoir **un rappel constant**. Plus vous les lirez, plus vous serez dans une dynamique **proactive** !

3- Corriger :

- Révisez vos objectifs chaque semaine pour vous assurer que **vos réalisations** soient conformes **à vos prévisions**. Évaluez vos progrès, soulignez les étapes que vous avez franchies et **ajustez vos objectifs**, si besoin.

Un pas devant l'autre

Personne n'a réussi sa vie en attendant patiemment que les choses se passent au fond de son canapé.

C'est votre comportement et votre capacité à créer des objectifs en accord avec vos aspirations profondes, qui vous permettront d'obtenir la vie que vous désirez.

Pour compléter votre apprentissage, je vous propose de découvrir la **méthode Kaizen**, aussi appelée, **la méthode des petits pas**. Le mot kaizen, en japonais signifie **Kai : "changement"** et **Zen" : meilleur"**.

Ainsi, cette méthode repose sur l'amélioration continue.

En voici les principes :

- Reprenez vos 3 objectifs principaux pour le mois à venir.
- Découpez chaque objectif en mini-action quotidienne (vous trouverez des modèles à la suite de cet exercice).
- Choisissez des tâches courtes et simples à réaliser chaque jour.
- Mettez en place **un changement à la fois**. L'objectif de cette méthode est de créer des habitudes, qui vont s'inscrire facilement, dans votre quotidien.
- Faites une liste de vos "habits trackers" : **indicateurs de suivi de vos habitudes**. À la fin de la journée, vous pourrez ainsi avoir une perpective de tous les petits challenges que vous avez relevés.

N'oubliez jamais, que la distance, qui sépare vos rêves de la réalité, réside dans l'action, alors foncez.

Mes objectifs mensuels

Notez vos 3 grands objectifs et décomposez-les en 5 mini-tâches, que vous classerez par priorité. Indiquez les délais pour les réaliser, les coûts engendrés et surtout n'oubliez pas d'inscrire vos indicateurs de performance pour mesurer vos progrès.

★ PRIORITÉ	🎯 PLAN D'ACTION	📅 DÉLAIS	💰 COÛTS	⏱ INDICATEURS
✂ **OBJECTIF N° 1 :**				
01				
02				
03				
04				
05				
✂ **OBJECTIF N° 2 :**				
01				
02				
03				
04				
05				
✂ **OBJECTIF N° 3 :**				
01				
02				
03				
04				
05				

Ma fiche action

Avant de débuter votre journée, planifiez et priorisez vos tâches du jour.
Chaque soir, faites le bilan et évaluez-vous.
Si vous n'avez pas réussi vos tâches, demandez-vous pourquoi et
comment vous améliorer demain. Dans le cas contraire, célébrez votre
victoire !

📅 DATE DU JOUR

👍 MOTIVATION

🎯 OBJECTIFS PRIORITAIRES

⏱ DÉLAIS

01 ....

02 ....

03 ....

📌 LISTE DES TÂCHES

💡 URGENT

☐ ....
☐ ....
☐ ....

📞 À CONTACTER

☐ ....
☐ ....
☐ ....

🎁 MES RÉCOMPENSES

☐ ....
☐ ....
☐ ....

> "
>
> **LE SUCCÈS C'EST D'ALLER D'ÉCHEC EN ÉCHEC, SANS PERDRE SON ENTHOUSIASME.**
>
> - WINSTON CHURCHILL

Visualiser votre réussite

Avant la fin de notre merveilleux périple, j'aimerais approfondir un concept cher à mon coeur, celui de **la visualisation**.
Visualiser c'est croire, sans l'ombre d'un doute, **que nous allons réussir** et travailler sans relâche, pour nous rapprocher de notre rêve.

Comme nous l'avons vu dans plusieurs exercices, il s'agit d'utiliser le **super-pouvoir de notre cerveau** pour imaginer les résultats que **nous désirons attirer** dans notre vie.

Bien que ce concept ne soit pas nouveau, il peut facilement être accueilli avec scepticisme. Cependant, il faut savoir que cette pratique est très utilisée depuis des générations, notamment auprès de sportifs ou d'artistes. Personnellement, c'est un athlète des JO qui m'a converti. Il m'a expliqué comment il visualisait son parcours et sa future médaille, chaque matin.

En imaginant clairement les conditions du succès :

- Vos objectifs vont devenir plus limpides et plus accessibles.
- Votre cerveau va passer **en état d'alerte** et être **plus réceptif** aux opportunités.
- Vous aller renforcer votre confiance en vous.

L'ASCENSEUR
de la réussite

Je tiens à vous féliciter car même s'il reste quelques petits réglages à opérer, vous avez gravi tous les étages de **l'ascenseur de la réussite**.

RÉUSSITE
Vous avez confiance en vous et réussissez tout ce que vous désirez entreprendre.

VISUALISATION
Vous visualisez. Vous programmez votre cerveau et vous ressentez déjà votre succès.

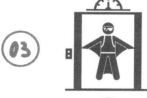

PLAN DE VOL : OBJECTIFS
Vous définissez vos objectifs et vous mettez en place votre stratégie de réussite.

CONNAISSANCE DE SOI
Vous validez vos aptitudes et vous mettez à jour vos compétences, si besoin.

PROJET DE VIE : VOTRE GRAND RÊVE
Vous définissez ce qui vous anime le plus dans votre vie, vous dessinez votre grand rêve.

Beaucoup de personnes semblent faire l'impasse sur la visualisation, qui est pourtant **indissociable** du succès.
Je vous laisse le soin de découvrir cette nouvelle expérience haute en couleur.

Les principes de la visualisation

En faisant des recherches sur le pouvoir de nos pensées, j'ai découvert il y quelques années **la loi de l'attraction**. Cette "loi universelle" est la croyance qu'en se concentrant sur des pensées positives, les individus attirent à eux des événements positifs (car tout est une question de fréquence). De fait, plus nous sommes enthousiastes, plus la fréquence de nos sentiments attirera les gens et les événements nécessaires à la concrétisation de nos projets.

D'une certaine manière la visualisation, se rapproche de ce concept.

En imaginant le succès, vous sécrétez des hormones du bien-être qui vont renforcer votre capacité à performer. Ainsi, **la visualisation** agit comme **une répétition "mentale"** de ce que vous voulez voir apparaitre dans votre vie.

> 66 *Si vous pouvez l'imaginer dans votre tête, vous pouvez le tenir dans vos mains. ~ Bob Proctor.*

J'utilise le pouvoir de la visualisation depuis plus de 10 ans. Avant d'animer mes séminaires par exemple, je m'imagine toujours en train de prononcer le discours «parfait». Je pratique la visualisation plusieurs jours à l'avance en imaginant notamment, les participants, la salle de conférence et la réaction du public.

Sachez que la visualisation peut être appliquée, à n'importe quel domaine de votre vie, et je vous assure que je ne m'en passerais pour rien au monde.

À retenir

- Tout est énergie, y compris la pensée.
- L'énergie a une qualité magnétique. Certaines pensées et certains sentiments attirent des énergies similaires.
- La pensée transforme l'énergie, de sorte que, ce que vous attendez et croyez le plus fortement, se forme d'abord dans votre esprit, avant de se matérialiser dans la réalité.

Les avantages de la visualisation

L'utilisation des techniques de visualisation présente 4 bénéfices :

1. La visualisation active **votre subconscient**, qui va générer de nouvelles idées. Vous allez faire preuve de clairvoyance et de créativité.
2. Elle programme votre cerveau pour identifier plus facilement les ressources à développer et **les opportunités à saisir**.
3. Elle favorise **la loi de l'attraction**, attirant dans votre vie les situations et les personnes, dont vous aurez besoin.
4. Elle **renforce votre motivation** et vous pousse à mettre en place les mesures nécessaires pour atteindre votre rêve.

SECRET DE RÉUSSITE N°20

La visualisation et votre détermination vous donne un **pouvoir illimité**. Devenez **le visionnaire** de votre vie.

Tout le monde utilise la visualisation créative de manière inconsciente. Pour pouvoir en tirer avantage, vous devez remplir 3 conditions :

1. Avoir un **réel désir** de ce que vous voulez accomplir.
   N'oubliez pas, que ce que vous ressentez à propos de votre projet, en déterminera **sa teneur**.
2. **Croire fermement** que cette technique fonctionne.
3. **Pratiquer** cette méthode **tous les jours**. Vous pouvez greffer ce rituel à celui de vos affirmations positives tous les matins, par exemple.

4 CLÉS POUR
apprendre à visualiser

Je tiens à préciser que la visualisation seule, ne suffit pas. Elle fait partie intégrante du processus, qui vous permet de devenir la meilleure version de vous-même. Pour obtenir des résultats concrets, il faut répéter cette technique au minimum **5 minutes par jour**.

Êtes-vous prêt à **créer votre routine de visualisation** ?

À vos marques, prêts, feu, partez !

01 Transformez vos objectifs en image.

Je vous recommande d'associer une image à chaque aspect de votre grand rêve. Créez une image mentale pour chacun de vos objectifs et pour chaque domaine de vie que vous désirez améliorer.

Si votre projet est de déménager à Paris par exemple, trouvez une photo de la tour Eiffel et imaginez-là, à chaque fois que vous pratiquez cet exercice.

02 Créez un tableau de visualisation.

Une excellente manière de visualiser ses projets est de créer un tableau de visualisation. Collectez des images, des photos et des citations qui illustrent vos envies et collez-les sur un tableau. *Placez votre support en évidence, de manière à le voir tous les jours, sur le fond d'écran de votre ordinateur, sur la porte de votre chambre, par exemple.*

03 Imaginez-vous victorieux.

Pour faire de vos rêves une réalité, vous devez vous imaginer en train de savourer votre victoire. Il est donc important de recréer dans votre cerveau, toutes les émotions associées. *Si vous désirez faire carrière dans le cinéma, imaginez-vous en train de remporter un césar par exemple. L'acteur Jim Carrey explique dans de nombreuses vidéos, qu'il a réussi sa carrière grâce à la visualisation.*

04 Faites-en une routine quotidienne.

Chaque matin au réveil, vous pouvez pratiquer votre visualisation, Prenez quelques minutes pour vous mettre en condition et pratiquez l'exercice du jour (page suivante). *Personnellement, je pratique la visualisation chaque matin avant d'écrire mes objectifs. Je regarde mon tableau de visualisation, je plonge dans mon grand rêve et je note mes affirmations positives sur mon journal avant de commencer ma journée.*

Mon cinéma intérieur

Aujourd'hui, je vous emmène au cinéma. Nous allons voir un film "magnifique". Prenez une profonde inspiration, détendez-vous et installez-vous confortablement dans votre fauteuil rouge, avec un paquet de pop-corn, à la main.

- Imaginez-vous assis dans la salle de cinéma. Les lumières s'éteignent. Le film diffusé parle de vous, plus précisément de **votre vie idéale**.
- Vous regardez avec émerveillement le scénario "parfait" se dérouler sous vos yeux. Vous rayonnez de bonheur car tout ce que vous désirez apparait comme par enchantement.
- Maintenant, fondez-vous dans le rôle. Vous entendez tous les sons et ressentez toutes les émotions relatives à votre grand rêve. Revivez tout cela de l'intérieur et regardez le film avec les yeux de l'acteur principal. C'est ce qu'on appelle une **«image incarnée»**.
- Ensuite, sortez de l'écran et soyez convaincu que, tout ce que vous avez vu dans ce film, peut devenir votre réalité.
- Choisissez des images tirées de ce film (vos voyages, votre maison, vos habits, votre voiture...) pour réaliser votre tableau de visualisation.
- Chaque matin de votre vie, regardez ce tableau et **incarnez ce rôle magnifique**. Vivez-le à 100%, croquez la vie à pleines dents et sachez que **Tout, je dis bien tout, est possible**.

Il n'est jamais trop tard, pour devenir la personne que vous avez toujours rêvé d'être...

> **"**
> ## LA MAGIE
> ## C'EST DE CROIRE EN TOI.
> ## SI TU PEUX LE FAIRE,
> ## TU POURRAS TOUT FAIRE.
>
> - GOETHE

Cap sur une nouvelle aventure

Vous voici arrivé, au terme de ce voyage de 21 jours, au centre de vous-même. Je vous félicite d'avoir passer toutes ces étapes de vie.

Vous avez eu le courage, la volonté de chercher au fond de vous les réponses à vos questions.

J'imagine que ces 3 semaines, n'ont pas toujours été de tout repos, mais vous pouvez être fier d'avoir accompli tout **ce cheminement intérieur**.

Peut-être, n'avez-vous pas réalisé tous les exercices, ou avez-vous simplement survolé certaines séances. Ne culpabilisez pas, ce livre est un guide, que vous pouvez lire et relire, à souhait.

L'essentiel est **de voir naître le changement dans votre vie**.

Ensemble, nous avons planté une nouvelle graine. Il est temps de laisser pousser votre magnifique fleur, à présent.

> **Secret de réussite n°21** : Vous seul, pouvez décider de **laisser une empreinte** dans ce monde. Poursuivez votre route et ne lâchez rien, tant que vous n'avez pas découvert **le véritable trésor de votre vie**.
> Vos rêves vous tendent les mains.

J'évalue mes progrès

Il est l'heure de faire le bilan de votre programme. Répondez simplement aux questions suivantes et évaluez votre progrès...

S'il vous reste encore des points à éclaircir, prenez soin de les noter dans le tableau de la page suivante. TOUT est possible, ne l'oubliez jamais !

01 Comment vous sentez-vous à la fin de ce programme ?

02 Êtes-vous fier de votre progression ?

03 Vous sentez-vous prêt à poursuivre vos efforts ?

04 Êtes-vous exalté, motivé, animé par votre grand rêve ?

05

06 Vous êtes-vous réservé des créneaux "bien-être" ?

07 Comment comptez-vous équilibrer votre vie ?

09 Quelles habitudes devez-vous mettre en place ?

08

Avez-vous visualisé la route qui vous conduit au succès ?

10 Quels sont vos 3 objectifs prioritaires ?

Êtes-vous prêt à démarrer votre nouvelle aventure ?

Mon plan d'action

Je vous propose de noter ici les actions qu'il vous reste à accomplir dans les prochaines semaines, pour donner un nouveau souffle à votre vie !
Je vous laisse libre d'en faire bon usage.

OBJECTIF 01

LISTE DES TÂCHES

- ◼ ....
- ◼ ....
- ◼ ....

OBJECTIF 02

LISTE DES TÂCHES

- ◼ ....
- ◼ ....
- ◼ ....

OBJECTIF 03

LISTE DES TÂCHES

- ◼ ....
- ◼ ....
- ◼ ....

Votre croissance personnelle ne s'arrête pas là.

Vous avez dessiné votre grand rêve et savez précisément comment l'atteindre. Je vous encourage à ne jamais perdre de vue vos objectifs et à vous laisser guider par **votre boussole interne**.

Pendant ces 21 jours, vous avez pris du temps pour vous. Pendant quelques instants, vous vous êtes échappé de votre quotidien, pour vous plonger dans la construction d'une vie à la hauteur de vos aspirations profondes.

Pourquoi vous arrêter en si bon chemin ? Je vous laisse **prendre votre envol**. N'oubliez jamais que vous êtes libre de vivre la vie que vous désirez. Vous êtes responsable de vos choix et **l'architecte de votre bonheur**. Alors, levez-vous chaque matin en cultivant l'optimisme, **sublimez-vous** et **faites briller vos fabuleux projets**.

Si un jour vous n'arrivez plus à avancer, pensez à moi. Gardez à l'esprit tout le travail que nous avons accompli ensemble. Ouvrez ce livre sur une page au hasard et reprenez le défi du jour. L'essentiel, c'est de **passer à l'action et de réagir vite** quand vous sentez faiblir. Parfois, une piqure de rappel peut agir comme **un électrochoc** et relancer la dynamique positive.

Votre kit

Vous êtes chanceux car vous disposez aujourd'hui, d'un **baromètre** qui ne vous quittera jamais. Pour savoir si vous êtes sur le bon chemin, il vous suffira d'interroger vos pensées. Si vos pensées sont positives et vos sentiments heureux, alors vous savez que vous êtes au bon endroit, au bon moment, avec les bonnes personnes. À contrario, si vous ressentez un mal-être c'est qu'il faut certainement changer d'orientation !

Le doute doit être votre signal d'alarme. Quand j'ai commencé ma carrière dans le recrutement, un de mes supérieurs m'a donné le conseil le plus précieux qui soit : "Quand il y a un doute, c'est qu'il n'y a pas de doute". Je vous conseille d'appliquer cette réplique de Ronin quand vous devez prendre une grande décision. Ne voyez pas votre hésitation, comme une faiblesse. Bien souvent, certains de vos doutes vous protègent du danger et vous permettent de prendre la meilleure direction vers le chemin du bonheur.

CEUX QUI RÉUSSISSENT

Ils sont guidés par leurs valeurs.
Tous leurs choix sont animés par
leurs racines profondes.

Ils poursuivent leur grand rêve.
Ils rêvent les yeux ouverts, mettent tout
en oeuvre pour réaliser leurs projets.

Ils cherchent un équilibre de vie.
Ils sont en quête d'harmonie
et de sérénité.

Ils focalisent sur leurs objectifs.
Ils connaissent leurs objectifs et sont
concentrés sur leur plan d'action.

Ils visualisent leur réussite.
Ils pratiquent la visualisation et ils
savourent déjà leur prochaine victoire.

CEUX QUI ÉCHOUENT

Ils n'ont pas de boussole interne.
Ils peuvent renier leurs valeurs
face à certains choix de vie.

Ils ne croient plus en leurs rêves.
Ils pensent que leurs rêves sont
illusoires et préfèrent se morfondre.

Ils ne trouvent pas leur équilibre.
Ils souffrent de déséquilibre
et sont souvent frustrés.

Ils ne savent pas où ils vont.
Sans objectifs précis, ils se sentent
perdus et avancent au ralenti.

Ils pensent qu'ils vont échouer.
Ils n'ont pas confiance en eux et
imaginent les raisons de leur échec.

CONSEIL DE VOTRE *Coach*

La plupart de mes clients sont tristes de finaliser leur coaching. Ils me demandent souvent des derniers conseils avant de prendre leur envol. Je pense que le plus difficile, quand on se retrouve seul à prendre des décisions, est de **savoir accueillir les erreurs de parcours**.

Il ne faut pas qu'un blocage, un refus, un retard mine votre moral et vous freine. Vous devez garder à l'esprit que **seule l'action vous permettra de rebondir**. Alors ne perdez pas espoir et foncez vers votre destinée.

Voici 10 conseils pour vous encourager dans ce sens.

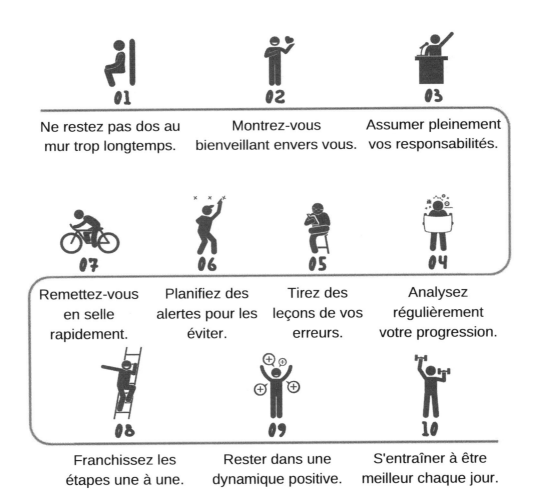

01 Ne restez pas dos au mur trop longtemps.

02 Montrez-vous bienveillant envers vous.

03 Assumer pleinement vos responsabilités.

04 Analysez régulièrement votre progression.

05 Tirez des leçons de vos erreurs.

06 Planifiez des alertes pour les éviter.

07 Remettez-vous en selle rapidement.

08 Franchissez les étapes une à une.

09 Rester dans une dynamique positive.

10 S'entraîner à être meilleur chaque jour.

"

C'EST VOTRE ATTITUDE,
**BIEN PLUS QUE VOTRE
APTITUDE,** QUI DÉTERMINE
VOTRE ALTITUDE.

- ZIG ZIGLAR

Prolonger votre croissance à mes côtés

Vous savez maintenant qu'il vous est possible de conditionner votre cerveau sur la bonne fréquence, de booster votre confiance en vous et de planifier votre réussite.

La fin de votre programme signe **le début de votre nouvelle vie** !

Sachez que je suis confiante pour vous, car je sais que vous disposez de tous les outils nécessaires, pour construire **l'édifice de votre meilleure vie**. Ne vous arrêtez surtout pas en si bon chemin. Saisissez toutes les opportunités, poussez toutes les portes et dépassez-vous au quotidien.

Vous avez là une occasion unique de **poursuivre vos rêves**, alors gardez le tempo que vous avez mis en place depuis 3 semaines.

Continuez ce processus d'amélioration continue, pour en faire votre nouveau mode de vie. Arrêtez de chercher des solutions externes à votre épanouissement et axez votre focus sur **votre être intérieur**. Vous avez cultivé un super-pouvoir qui n'attend que d'être révélé au monde, c'est celui de l'amour, alors **aimez-vous à la folie**, aimez votre vie, vos proches, votre métier, vos passions...

Chaque jour est unique et mérite d'être vécu pleinement. C'est la raison pour laquelle, je vous recommande de répéter à voix haute vos affirmations, de relire vos objectifs et de visualiser votre succès, tous les matins. Cela aura pour effet **d'enraciner dans votre esprit, les conditions de votre réussite**.

Je vais vous demander une faveur : **N'abandonnez jamais vos rêves** ! Votre chemin sera parfois escarpé, mais vous avez développé de **nombreux pouvoirs** au cours de ce programme, et c'est votre devoir, de les faire grandir encore et encore. Ce qui compte le plus, c'est la personne **déterminée et formidable**, que vous êtes en train **de devenir**.

Chaque jour, continuez d'alimenter vos forces intérieures et surtout croyez en vous, en vos talents, en vos aptitudes uniques. Quelle que soit votre condition physique et mentale, **accrochez-vous, gardez la foi et fournissez les efforts nécessaires**. Je vous conseille également de continuer à **prendre soin de vous**. Accordez-vous chaque semaine une pause pour écouter votre corps, votre âme et poursuivre votre projet "Bien-être". **Revendiquez le bonheur**, car vous seul, pouvez le faire rejaillir dans votre vie. Promettez-moi aussi, de **cultiver l'optimisme**, quoi qu'il se passe dans votre vie, n'oubliez jamais les paroles de grand-mère Jacky : "Tu es plus forte que n'importe quel problème et plus grande que tes peurs".

Que faire après ces 21 jours ?

Il est primordial de refaire les exercices que vous avez survolés pour mettre en application tous les concepts de la méthode. Pour que votre changement de vie soit permanent et bénéficier de résultats durables, vous devez mettre l'ensemble de ces 21 principes en pratique, sur le long terme.

Je vous invite à visiter mon site web **www.chantallabeste.com**
Vous y trouverez des conseils, mais également **des programmes vidéos en ligne** pour accroître votre réussite et **faire éclore votre vie**, à la vitesse supérieure.

Si vous êtes parvenu à la fin de cet ouvrage, c'est parce que vous avez en vous, cette soif de vous améliorer. Vous désirez exploiter votre vie au maximum et vous épanouir. C'est parfait, si vous désirez vous motiver au quotidien dans ce désir de performance personnelle, **je vous encourage à rejoindre ma communauté sur les réseaux sociaux**. Vous y trouverez des citations, des astuces pour mener la vie que vous méritez avec enthousiasme !

Si vous avez besoin d'un conseil particulier, contactez-moi par email : info@chantallabeste.com. Je m'engage à vous répondre dans les 72h.

Il est temps de laisser place à la magie des au revoir... Je vous souhaite, du fond du coeur, tout le bonheur et le succès que vous méritez !
Au plaisir de vous retrouver prochainement, pour poursuivre cette magnifique aventure, qu'est la vie.

Remerciements

J'ai une pensée particulière, pour mes enfants Crystal et Terrence, qui sont mes plus grands supporters. Merci mes petits trésors, votre amour est une réelle source de motivation !

Merci, merci à mes amies de toujours, Cricri et Lili qui n'ont cessé de m'encourager dans cette aventure extra-ordinaire. Vous avez tenu à être présentes, dans chaque étape, de la réalisation de ce livre. Je tiens à vous remercier pour vos conseils avisés. Certains passages vous sont d'ailleurs dédiés. Nos retrouvailles sont si précieuses et réchauffent mon coeur. L'amitié est sacrée, c'est une histoire d'amour... infinie.

Un immense merci à ma famille de me choyer autant. Maman et Christian, mes cousines Betty, Caro, Fleur, Patou, Pascale, vous n'avez eu que des paroles bienveillantes sur mon travail. Et comme tout ce qui est rare est précieux, je vous remercie pour tout l'amour que vous me portez.

Je remercie du fond du coeur Christine, Fat & Djam, Rachelle, Soraya. Je mesure chaque jour, la chance de vous avoir auprès de moi. Vous êtes des êtres de lumière. Vous illuminez chaque parcelle de ma vie.

Je remercie tous mes proches et les personnes qui me soutiennent dans mes projets : Amandine, Annick, Blaise, Caro, Coco, Cyril, Dominique, Inès, Isa, Enzo, Emilie, Fabrice, Fred, Jean-Ba, Jean-François, Jennifer, Jenny, Joelle, Johan, Joseph, Julie, Julien, Katia, Laurent, Ludo, Lydie, Lionel, Marine, Maya, Mel, Mika, Mike, Mireille, Najet, Noémie, Olivier, Rwan, Sandra, Stéphanie, Stéphane, Sylvie, Sonia, Thierry, Vincent, Xavier... Ayant parcouru de nombreuses contrées, vous êtes éparpillé de part et d'autre du globe, mais sachez que, même si nous ne sommes que des poussières d'étoile dans l'univers, la puissance de votre amour élève mon âme.

Une pensée particulière à Andrée qui a eu la gentillesse de m'aider à corriger cet ouvrage.

Merci beaucoup Frédéric pour ton soutien indéfectible. Tes encouragements et ton enthousiasme contagieux sont inestimables.

Merci à vous, cher lecteur, de m'avoir accordé votre confiance et d'avoir eu l'envie de parcourir avec moi, cette merveilleuse aventure. Nous ne nous connaissons pas personnellement, mais cela n'a aucune importance. Ce qui compte c'est l'Amour et j'espère du fond du coeur, vous avoir offert, un petit brin de bonheur.